老年之美

[韩] 金英玉 著
金海鹰 崔金瑛 译

Beauty of the Aged

尽全力与时间赛跑,以此来告诉她的同时代人及后辈何为"美好地老去",何为"老年之美"

中国文联出版社

图书在版编目（CIP）数据

老年之美/(韩)金英玉著;金海鹰,崔金瑛译
.—北京：中国文联出版社，2022.9
ISBN 978-7-5190-4877-8

Ⅰ.①老… Ⅱ.①金…②金…③崔… Ⅲ.①老年学
Ⅳ.① C913.6

中国版本图书馆 CIP 数据核字 (2022) 第 089580 号
版权登记号：01-2022-1822

老年之美

著　　者：(韩)金英玉
责任编辑：张超琪　许可爽
特约编辑：金姗
责任校对：仲济云　唐玉兵
图书装帧：书心瞬意
排版设计：高　洁

出版发行：中国文联出版社有限公司
社　　址：北京市朝阳区农展馆南里 10 号　　邮编：100125
网　　址：http://www.clapnet.cn
电　　话：010-85923091（总编室）　010-85923058（编辑部）
　　　　　010-85923025（发行部）
经　　销：全国新华书店等
印　　刷：三河市宏达印刷有限公司
开　　本：880 毫米 ×1230 毫米　　　1/32
印　　张：11.75
字　　数：137 千字
版　　次：2022 年 9 月第 1 版
　　　　　2022 年 9 月第 1 次印刷
书　　号：ISBN 978-7-5190-4877-8
定　　价：75.00 元

版权所有　侵权必究
如有印装质量问题，请与本社发行部联系调换

祝愿每一个人都能在老年阶段

活出尊严，活出自我，活出属于自己的幸福。

译者序

金海鹰　崔金瑛

本书的作者金英玉老师是韩国女性学领域的资深学者，曾赴德国亚琛工业大学留学，获文艺学（德语文学）专业博士学位，著有《变化的女性文化，流动的地球村》（共著，2005）、《女性主义价值和母性领导力》（共著，2005）、《全球化时代的现场女性主义》（共著，2008）、《跨境的亚洲女性们》（共著，2009）等。过去的研究领域包括瓦尔特·本雅明的理论、（后）现代、全球本土化时代的女性（主义）文化实践和理论、审美性反思与领导力的关系等，还关注跨国迁移（immigration）和跨文化主义、跨国时代的公民权等问题。她曾在首尔大学、延世大学、淑明女子大学等多所高校讲课，近些年开始关注老年与老年文化，于2017年参与设立"生命周期文化研究所玉姬沙龙"（okeesalon.org），并出任共同代表。这是一个首尔市非营利民间团体，希望通过促进人们对"变老"的思考，最终构建一个各年龄段的人都能共生互惠的社会。本书出版以来，作者受邀到韩国各地的相关机构进行讲座，向大众普及新型老年观。

在书中，作者深度采访了崔贤淑、崔英善、金潭、李英旭、尹锡男、密阳阿婆们、郡司真弓、田嶋阳子八组处于人生老年期的主人公，为我们呈现出了千人千面的老年形象。他们每一个人的过往经历不同，现在的生活状态也不雷同，但他们的共同点是都充满生命的活力，而且在努力地活出自我，身处老年期也不放弃寻找自己的价值和属于自己的快乐。

作者之所以开始关注老年群体，与韩国社会的老龄化情况有着密切的关系。近两年韩国的老龄人口数量已经比本书出版的2017年增加了不少。据韩国行政安全部对登记在册人口数据的统计，2021年4月底韩国65岁以上人口约为860万，占总人口的16.64%。按照联合国的标准，65岁以上人口占总人口比例超过7%，就视为"老龄化社会"；超过14%，为"老龄社会"；超过20%，为"超老龄社会"。按照这个标准，韩国已经进入老龄社会，并以较快速度走向超老龄社会。韩国新生儿的减少更加快了老龄人口比重的增加。据韩国多家媒体报道，韩国从2019年11月起，死亡人口已经超过了新生人口，总人口处于自然减少的状态。也就是说，韩国已经进入"人口死亡交叉"局面。①

　　而老龄人口增多伴随的另一个现象是独居

---

① 按照完整的自然年计算，2019年韩国总人口还有所增加，但2020年韩国人口已经出现负增长。

老人的增加。据韩国国家统计局统计，2019年韩国"一人户"约占所有家庭的30.2%；65岁以上的"一人户"约占所有家庭的7.5%，且独居老人的比例在逐年递增。而独居老人尤其是高龄独居老人的增加经常伴随着很多问题，例如，独居老人的经济窘困、缺乏照料、精神孤独等。

老龄化现象并非韩国所特有，日本已经早于韩国进入超老龄社会，成为全球老龄化最严峻的国家之一，而中国的老龄化程度也在日渐加深。"未富先老"已经成为大家思考中国老龄化问题的重要关键词。据国家统计局最新发布的第七次全国人口普查公报（第五号）显示，我国65岁以上人口已经超过1.9亿，约占总人口的13.5%，距联合国对老龄社会的标准只差0.5%。老龄化现象今后也将在中国受到越来越多的关注，因此作者提出的一些观点值得我们参考和借鉴。

在书中，作者采访的多位老人为读者呈

现出了各具特色的老年状态。书中的主人公们虽然过往的背景、经历各不相同,但都在努力按照自己的方式活出自我,或许其中崔英善女士所坚持的信念能很好地总结这些老人的心态:"我始终是我人生的主人公。"回想崔女士的过往经历,我们不难想象一个单亲妈妈独自抚养三个子女,这个过程中需要经历怎样的艰难。但是她顽强地克服了所有的艰难,更难得的是,她没有失去自信乐观的态度,也没有失去生活的重心,人到耄耋之年还能拥有自己的精彩和欢乐。在译者看来,作者想通过这些主人公的故事向读者传达的信息是:或许我们应该用更多元的视角去看待老年人的状态,因为"老年"不是统一的、一成不变的、被动的群体,其中有无数的色彩和可能性。

  文中提出的一些观点也让我们重新思考那些过去习以为常或认为理所当然的想法。例如,书中对老年人的思考中,有一个词值得我们关注,那就是"前卫"。在常人的语境中,前卫通常是时尚、时髦的同义词，而这些词往往是年轻人的"专属"，很少有人会将它们与老年人联系起来。尤其是随着现代信息技术的发展，不少老年人也担心自己在接受这些新生事物方面成为"落伍者"。但在作者看来，老年人是前卫的，"越年长的人，就越是最前沿的先锋派"，因为老龄化是近几十年人类社会出现的新现象，而此时进入老年期的人们就是开辟全新道路的先行者，他们"需要潜入未知的时间，去孵化那些未知的时间皱纹留下的叙述之卵"。而探索未知的时间对人类社会的意义也许并不亚于任何新技术的发明。

本书抛给我们的另一个重要问题是："何为美？"可以说现代美容技术和美妆产业以及近些年兴起的医美行业的一个重要目标是"抗衰老"。随着我国经济水平的提高，人们也越来越乐意在追求外形美方面加大消费。这种"美"的观念的底层逻辑是"年轻为美"，而它蕴含的另一层含义就是"年老则不美"，这也

是作者提到的"厌老"现象产生的重要原因。在作者看来，年轻人充满活力，固然是美的，但是老年人又有别样的美，并提出："'吸引眼球'的才是最本真的美。"日常生活中我们也经常看到富有生命力和活力的老年人，而这些老年人无疑是美的。如作者笔下捡废纸的老妇人，相信有在韩国学习、生活经验的读者多数都在韩国的街边看到过一两位捡废纸的老人。在常人眼里这些老人是社会的弱势群体，很难从他们身上看到"美"，作者却在老妇人脸上看到了一股强烈的美，这份美深深地吸引了作者。我们也可以通过不断拓宽"美"的概念，培养自己的审美眼光，去发现更多别样的"老年之美"。

　　本书给我们的又一个重要启迪是要从整个生命周期的角度去看待"老年"。从出生到死亡，人的一生将经历各个人生阶段，而随着预期寿命的增加，老年期在人的整个生命中所占比重将越来越大。如何能度过幸福且富有尊严的老年期，这不仅仅是当下老年人的问题，更是所有未来将进入老年期的我们所需要共同面对的问题。现在很多人只有自己到了老年，或者即将步入老年，才会开始真正思考自己的老年生活，即"在老言老"。但很多时候，正是因为在进入老年期之前我们没有做好足够的准备，因此老年期的生活或悲凉或孤独，以致出现一些不好的情况。如果我们在年轻时就用长远的眼光时常思考自己年老时的状态，并做出相应的努力，那么就有可能减少一些老年期的不幸。所以老年期应该从整个生命周期的角度去加以理解和思考。

在中国，老年期也被称为"暮年""晚年"，但是随着人们预期寿命的延长，"古稀""耄耋"已不再罕见。因此在思考整个生命周期时，老年期应该继续被当成人生暮年，还是人生的一个转折或新的开端？书中李英旭、金潭、田嶋阳子等人的经历为我们呈现了离开职场后充满活力与热情的生活状态。也许正如作者所强调

的，退休后的人正因为远离了过去"无限竞争的人生的赛道"，因此处于真正能够将此前的很多想法付诸实践的最佳时期，可以按照自己的意志去更加自由地分配时间。这种充实的老年生活也会有助于提高人们的健康预期寿命，缩短需要完全依赖他人的时间。祝愿每一个人都能在老年阶段活出尊严，活出自我，活出属于自己的幸福。

序　老年之美：重思何为"美"

红灯一亮，疾驰的车辆都缓缓减速。我也慢慢停下车，看着眼前的风景。上午十一点，上班早高峰已过，但还没到午饭时间，街道略显清静。天空布满乌云，呈暗灰色，空气潮湿，感觉大雨将至，眼前的街道散发出一种难得的宁静。在不多的行人中，我的视线落在了其中一个人身上——一位"老妇人"正费力地推着满载废纸的推车，堆积如山的废纸显得十分沉重。

走到斑马线跟前，她慢慢停下推车。她的身体线条粗犷，五官分明，中性的表情透露着

惊人的坚毅。她仰头望了望灰色的天空，目光中流露出让人无法估量的绝望和阴郁，晒得黝黑的皮肤让人联想起辛酸生活背后的荒野。她仿佛就是英格玛·伯格曼（Ingmar Bergman）黑白电影中的主人公，眼神中饱含似怨非怨的绝望，脸庞呈深褐色，面部骨骼棱角分明，双手推着堆满废纸的推车。在现实搭起的这一幕中，我看到她身上有一股强烈的"美"，她的脸散发着一种令人目不转睛的力量。绿灯亮了，她的身影渐渐消失在我的视野中。我多次想象着自己停下车去追寻她的画面。

那天以后，她的脸就像海市蜃楼，不断地在我的脑海中闪现。去那个地方，是不是还能再见到她？什么时候才能再次邂逅"老妇人"那样的脸庞？越想我就越对错过她感到懊悔。在近似丧失感的遗憾中，我反复自问："从她身上感受到的美，那到底是什么？"

关注老年群体以来，比起"年轻人"，那些"上了年纪的人"往往更吸引我的注意。我会尽可能长久地观察他们，而这是之前从未有过的习惯。过去我也经常从老年人身上体会到一种亲近感，但是在"老"和"旧"被等同的当今社会中，琳琅满目的商品和不断崛起的新浪潮正在使老年人淡出人们的视野。我之所以想要凝视"老年人"，也是因为过去几年在文化认知和社会认识上的训练和积累。这使我多次验证了一个长久以来的美学真理：看得越久，你就越觉得自己眼前的对象是美的。很多人都习惯了假定周围没有老人的一种行为方式。除了特别前卫、特别美丽、特别帅气、特别淳朴抑或特别惹人烦的特殊情况，很少有老年人会引起大家的注意。但这并非因为他们不存在，而是因为人们假设他们不存在，不把他们纳入视野。

想想我们什么时候会关注老人。如果这个老人很前卫、美丽、帅气，那他或她就会成为所有人向往的老年的存在状态，人们往往用"仍然"来形容他们。但如果这个老人很淳朴

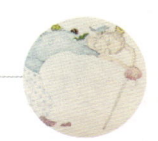

或很惹人烦，那么就会进一步加强老年人被他者化（othering）的境遇。也就是说，一方面我们会对老年人说"您仍然有挑战精神，您仍然叛逆，您仍然帅气，您仍然漂亮"，但这些赞美都无关尊重；另一方面，我们可以在电视中看到城里人面对与自己截然不同的农村老年人的生活，会边鼓掌边笑，从而达到一种宣泄的效果。上述两方面都还远远没有达到对"此时此刻存在于此"的老年人的足够尊重。

老年人是否能完全摆脱"仍然"的束缚？老年人的生活是否还有可能不必在"不再……"和"仍然……"之间进行权衡？老年人能否走出这份被强加的对比，从而成为本色的"……的"存在？事实上，老年人渴望得到且理所应得的，正是与他们的过往人生相符的"尊严"。年轻人应该从老年人身上看到并为之惊叹的不是"永葆青春"，而是存在感和品位。但遗憾的是，近年来老年人最容易被剥夺的就是这份存在感、品位和尊严。在当今新资本主义的文化体制中，能有多少人没有缺憾或不足？但在"不再……"和"仍然……"的夹缝中生活着的老年人无疑最难成为"洋溢着光辉的存在"。

而且在现代化的价值体系中，个人的独立性和生产性被赋予了最高的价值，这导致因身体逐渐衰老而对他人的依赖度日渐增强的老年人很容易被排挤到社会的边缘。事实上，对老年人的消极看法和偏见就根植于"进步史观"中。进步史观认为时间由无数个等质的点连接而成，在这个流动的时间中做到快速同步前行，才能实现（国家、社会和个人的）发展。当我们开始对这一虚构的进步史观抛以彻底绝望的讥讽时，前卫的实验也就拉开了序幕。绝望越深、讥讽越激烈，这个实验就越会取得成功。

从生物学角度来讲，越年长的人，就越是前沿的先锋派。但正如让·埃默里（Jean Améry）在《关于变老：在反抗与放弃之间》

中用犀利的语言指出的那样，老年人不是地点意义上的"在—世界中—存在"，而是时间意义上的"在—时间中—存在"。[1]"在—时间中—存在"的老年人所面临的前方，不是未知的地点，而是蕴藏在他们身上的未知的时间。为什么说那是未知的？因为老年人的皱纹里蕴藏着人们因急于前行，而没来得及细细观察和品味的时间留下的经验。

所谓老年人的前卫性，也许就在于潜入未知的时间中，去孵化那些时间的皱纹留下的叙述之卵，而不在于成为忙于生产和消费的主力军。这也许可以成为颇具前瞻性的实验，因为在回味时间的过程中，谁都无法预料到底哪些故事会被再次提起。引领我们走向新解释和新观点的故事在本质上就是哲学、艺术和政治。

哲学的提问总是始于"惊讶"。艺术带给我们的快乐和感动也包含着"惊讶"。回顾过

---

[1] 让·埃默里，《关于变老：在反抗与放弃之间》，金羲祥译，Dolbegae，2014［韩译本］.

去，不难发现当我们因惊讶而行动、因行动而试图改变时，更加上层且严肃的议题也会随之发生变化。在这个意义上，回味时间十分有用且重要。这份有用性和重要性，让我看到了老年的尊严。老年人的尊严不在于提出"第一个"问题，而在于"回溯"时间的过程中，提出令人惊讶的问题。正因如此，老年人（的表情）才吸引人们的眼球。

"吸引眼球"的才是最本真的美。当充满感叹的集体性凝视长期停留在某一对象周围时，将形成一股气场，而这正是美学研究一直以来所关注的。与"欧若拉"（aurora）词源相同的"气场"（aura）一词指的就是这种气场。美的东西总能吸引人的注意。因为被吸引，就会去凝视，越凝视，就越吸引人的注意，这样一来，目光聚集的时间就会更长。这就是美的运行方式。想到这种方式，我们就可以摆脱当前过分狭隘的、过度从美妆产业的角度定义出来的"美"的标准。老年人吸引人们的眼球

时，其吸引力并非源自光滑白皙的脸庞、没有下垂的眼睑或嘴角、纤腿翘臀，相反，老年人的吸引力正源自一道道皱纹、黝黑的皮肤、下垂的眼睑或嘴角、失去弹性的臀部和因静脉曲张变得凹凸不平的腿，而这都是时间的皱纹，所以老年人才会吸引人们的眼球。在回味时间的过程中，正因为有了由褶皱的时间孵化出来的故事和提出的问题，老年人才散发存在感。

此时我们不应忘记吸引和凝视、凝视和吸引之间构成的一个动态，即"视线的政治哲学"。不是因为听到所以聆听、看到所以凝视，而是因为聆听所以听到、凝视所以看到，这正是美学最初的核心命题。所以我们要先学会如何不去压抑老年人的身体。为了感受老年人所呈现的时间性，也就是聆听老年人的身体所蕴含的时间的皱纹发出的轰鸣，我们要走出抽象的、集体的"老年人"的形象，走进具体的、个体的老年人。我们要根据轰鸣的高低、音色、长短的不同来区分每个老年人的不同，并做出相应的感应或反应。这样我们就能开始体会老年之美。越看越想看、越听越想听的魅力的循环就是这样形成的。

具体来说，老年之美将会体现在他们饱经风霜的自信上；体现在他们因为有了这份自信，而有勇气从容坚定地对即将面临的死亡说句"没问题"；体现在他们能够对过往目睹的不正义的社会、国家、资本主义表示绝望和愤怒；体现在他们对那些选择自私而非分享的"算不上邻人的邻人"毫不退让的决绝。我认为这才是只有老年人才具备的美。一旦我们开始充分认识并认可这个美，就可以摆脱"外貌至上主义"这一奴役老年人乃至所有人的单一维度的理念。这正是需要有一个良性的生态，使老年人能够与其他年龄段的人进行对话的原因。

让我们再回头想想一开始提到的那个"老妇人"。她不是淳朴可怜的老人、不幸的捡废

纸的老人，她是绝望而不妥协的"老年女性"。她身上吸引我的是一股喷涌而出的果决的绝望：不会轻易原谅或放弃，更不会死心。在她身上，我看到一种质疑和抗议，进而看到品位和尊严。我很好奇她会给我讲述一个怎样的故事。她的故事应该会带领我走向对老年人的人生和对普世人生的新提问和回答，进而提出更深入的问题。本书是我对包括她在内的多位老年人向我提出的问题和讲述的故事做出的一个回应，也是向他们、向逐渐老去的我们讲述品位和尊严的故事。

本书从构思初期就受到很多人的帮助。感谢年过古稀甚至已入耄耋之年的女性前辈们告诉我身为"老人"的利弊；感谢还在而立之年的学生们边喝酒边对我设想他们自己芳华不再的时光；感谢同样已知天命的至友金成礼老师、金恩实老师、金素荣老师、金贤美老师，我们彼此袒露心扉，畅谈变老的问题，通过与她们的深入交谈，我获得了有关年龄的具体且普遍的想法和感觉。此外，从准备阶段到赴日进行田野调查期间，李慧真老师不但和我分享了她广博的知识，还用她擅长的日语，给我提供了决定性的帮助，在此表示深深的谢意。

　　我还要特别感谢崔贤淑、崔英善、金潭、李英旭、尹锡男、密阳阿婆们、郡司真弓、田嶋阳子抽出宝贵时间接受我的采访，我与他们的交谈有的多达数十次。如果他们没有向我敞开心扉，畅谈对老年之美的想法，本书也就无法问世。如果说本书还能含有一些老年人优雅脱俗的气息，那都是因为有了与他们共同度过的宝贵时间。最后，感谢爱茉莉太平洋财团对本书的资助和鼓励，有了这份支持，本书才得以与读者见面。

目 录

1 老年人群是否"有问题"?

003 "多余的"老年人

004 "厌老"的加剧和内化

010 没有单一的答案,老年人的生活是多元的

012 老年如此美丽

2 给老人以尊重而非同情:"每个年龄都值得一活"

036 从养老护理员开始的理想实践

040 他们是映射未来的镜子

047 选择"陌生事物",在每一次转折

　　　　中感受"知足"

053　在空虚和抵抗中成长，且不舍追寻

059　以非同情的态度，赋贫困予温暖的尊重

3 波澜起伏的芸芸众生："我始终是我人生的主人公"

065　曾经，工作单位就是生活的共同体

078　没有永远的依附，没有绝对的孤岛

082　"少数人选择的人生才能成为映射多数人人生的镜子"

4 走下舞台，"成为观众"

110　"吸引"人的男作者的写作本身的内在属性

112　回到怀念的地方，追寻"一个人的自由"

119　从"一个人的自由"到建立"新关系"

127　做到不分好坏全盘接受，就是顺其自然

135　身边那些千奇百怪的故事

5　领悟老人的怀抱："我想邀请老人到广场来"

148　退休成为卒婚的契机

152　放下"寒酸的等待"行动起来

158　没有同龄人可以开玩笑，却有伙伴共同实践"街头信仰"

164　一起行动，聪明地与时间赛跑

170　老年人的怀抱

173　旅行成为享受自由的另一个方法

6　竭尽全力与时间赛跑："我想一直活跃在一线，最后成为'匠人'"

186　"我要画出母亲的故事"

193　"爱流泪的女人"和"为了追求离家的女人"

197　消逝的真实与刹那的时间

203　将情感倾注于作品中，最终成为合格的"匠人"

7 齐心协力的共同体："我这年纪？正是适合斗争的年纪！"

210 密阳的苍空：阿婆们的星星照亮了令人难过却珍贵的路

214 "我这年纪？正是适合斗争的年纪！"

220 因为拼命斗争，所以没有遗憾

229 像星星点亮了路

8 了解日本社会的老年人："在互联中扩展"

236 从老龄化社会到无缘社会

239 实践生活运动——活动家郡司真弓

242 从"活出自我"开始

247 变老也许意味着可以过得比现在更为充实

252 为女性人权写作、发声——媒体人田嶋阳子

254 母亲去世后开始第二人生

258 电视节目中的大众讲师和战士

266 "属于自己的房间、五百英镑、能表现自我的媒介，有这些就够了"

270　做个慈爱的老太太，然后悄然离世

9 尾声　踏上美好且富有尊严的老年之旅：与老年人权感受力并肩同行

277　作为"自我"与"性格"的统一体的整体的人生

283　在"属于自己的时间"享受自由

294　"变老"之旅所迫切需要的

299　关注超越血液呼唤的"关系"

303　个人能够且理应向经历了漫长人生旅途的自己给出宝贵的礼物

310　与病同行

315　有尊严地死去

319　成为乐天派的老年人

323　坚守时间的香醇与气息的抗老（anti-aging）

325　韩国的老年人也有资格获得乐天主义！

329　将老年之美娓娓道来

335　参考文献

金末海 © 郑泽勇

1. 老年人群是否"有问题"?
——寻找多元的尊严

随着医学的发展和饮食水平的提高,人们的老年期在不断延长。这是人类历史上前所未有的现象。各种统计数据表明,韩国的人口老龄化程度在不断加深。2014年韩国老龄人口在总人口中的占比为12.7%,而据韩国保健产业振兴院预测,到2026年这一数据将达到20%,由此,韩国将步入超老龄化社会。

媒体对老龄化的报道不但具有很强的煽动性,而且只从经济角度考虑问题,这导致有失偏颇的认识在不断扩散。这种认识会让人们忽略由生到死的整个生命周期的意义以及由此形成的伦理观。老龄化社会的"老年话语"主要有"老龄化导致劳动人口减少""生产力低下""经济增长趋缓""社会福利负担加重""养老金枯竭和政府财政压力加剧"等一系列相互关联的描述,甚至还有观点将"不干活的中老年人"和"背负老年人贫困、疾病、边缘化等重担的年轻人"对立起来,以渲染代际矛盾。在新自由主义和外貌至上主义的观点下,年轻和外貌不但是一种资本,还是阶级划分的标准。按照这个逻辑,老年人不仅是"多余的",甚至还是"丑陋的"。在这种认知下,老年人被公开地或隐秘地排挤到由欲望主导的经济体制之外,也就不足为奇了。(因为老年人的前方只剩下死亡)所以他们被看成需要被照顾的、没有效率的存在。

"多余的"老年人

预期寿命延长、老龄化程度加剧、年轻人就业难、福利费用不断增加等问题不仅是韩国社会的难题,更是全球性的趋势。即使是在福利体系和社会安全网络较为完善的北欧国家,人们也在担心这些问题。但是当前人们应对这种不安的方式反而在进一步助长这一焦虑。比起通过改善就业结构或促进社区共同体发展、摸索提高全民基本收入的可能性等措施来提高安全生活的标准,现在选择的是一条通过"改善"养老金制度,使现有福利体系变得更加不稳定的路。与此同时,甚至有媒体使用"老年问题正像传染病一样在整个欧洲蔓延"的字眼,足见对老年人的厌恶情绪正在扩散。

韩国的情况则更为复杂,这是因为韩国社会用两种互相矛盾的视角看待老人。按照儒家的文化传统,尊重长者是做人的基本原则,但是后资本主义（post-capitalism）的经济逻辑和技术优先主义则认为不再参加生产、消费能力低下的老年人是多余的。再加上老年人与新技术没有任何交集，所以他们的经验和知识总是被低估。预期寿命的增加导致老年人在人生的最后阶段多处于因老年痴呆症等疾病而无法进行自主判断的状态，所以只能依赖功能性的照料和少量的关怀。因此在"百岁时代"里，不论这种长寿是否出于老年人的本意，他们本人及其家属都面临着远超他们承受能力的经济和道德负担。

"厌老"的加剧和内化

这是发生在一个人权团体内的事情。我们在开会商议2015年下半年的工作计划后，安排了一次聚餐。席间我们对威胁韩国社会的多种厌恶之潮表示担忧、愤怒、无奈和叹息，还探讨应该怎样和掀起这些厌恶情绪的势力对

抗。大家还提到，在人们对他人的痛苦越来越无感的情况下，厌恶正在成为一种文化。与此同时，我们也担心对某种厌恶/势力加以批判是否又会引发对另一个群体的厌恶。

其中有人提到：人们似乎早已对使用贬低中壮年男性的"狗叔"一词和对老年人的非客观厌恶习以为常。有人甚至还说"现在我国除了蔡铉国和父母联合会，[①] 好像再没有别的老人了"。当时在场的人都赞同除了两个极端个例——"时代的长者"蔡铉国和对"世越号"受害者家属都出言不逊的父母联合会的"老顽固们"，再看不到其他中间层的"普通老人"了。

收房租比谁都积极，但遇到房子漏雨就撒手不管，一过两年法定合同期限，就急于涨房租的房东；在地铁里丑态百出，不招人待见的"赖汉"；保守政客们的支持者；极力反对同性恋的有宗教信仰人士……在谈论厌恶时，老年人的形象往往是这样的：他们多数是男性老人，

---

① 译注：韩国亲保守势力的团体。

我们在现实生活中更经常碰到的也的确是男性老人。但这里重要的不是摆事实，而是一些人为了批判厌恶/势力，可以毫不迟疑地表露对（男性）老人的厌恶。也许现在（看起来）还没有形成规模，但在不久的将来，老年人将会成为广遭厌恶的群体，因为在对"变老"的态度极度扭曲的情况下，对老年人的厌恶正在变得理所应当，而且人们丝毫不会对这种情绪加以克制。

　　眼下厌恶的对象可能主要是男性老人，但女性老人也无法完全摆脱这种厌恶，这是因为"老年期"这一生命阶段本身正在成为遭人厌恶和回避的"他者"。老年人之所以成为令人厌恶的"他者"，与死亡成为令人厌恶的对象不无关系。随着新资本主义的加深，对老年/老年期的回避和厌恶变得更加露骨。如果有朝一日"死"被排除在"生"之外，且在由听、说和感知组成的语言认知体系中，"死"彻底消失的话，那么厌老的趋势就到了无可挽回的

地步。

在"死亡警告"（Memento mori）①不能引起任何关注的社会里，让人们联想起死亡的老年人不可能受到欢迎。因为要禁锢死亡，所以老年人就不应出现在光天化日之下，而想让他们消失在人们的视野中，就只能打上"不美"的烙印。在日常生活中，人们与老年人的接触相对有限，所以做不到"日久生情"；相反，老年人就像幽灵一样，总是冷不丁从街边小道冒出来，所以确实少有美感可言。"不美所以不被认知"和"不被认知所以不美"这两者将形成一个循环。当然，这也和每个老人所处的阶级以及所拥有的资源密不可分。

一方面，越来越多的年轻人正在成为"七抛世代"；②而另一方面，高龄政治人物不肯退出政治舞台，这也是民众对政治和老年人产生

---

① 译注："记住你终有一死"的拉丁文。
② 译注：指放弃恋爱、结婚、生小孩、买房、人际关系、梦想、希望的年轻人。

失望情绪的重要原因。蔡铉国的那句"记住老人的丑态"[①]之所以能够引起那么多人的共鸣，就是因为这种失望。即便考虑到老年的"可视性"和"不可视性"受制于他们身处的阶级和所拥有的资源，但整体上，厌老的社会习气的确正在扩散。

如果整齐划一、毫无新意的"丑陋的老人"形象在社会文化中不断流通，那么，那些想要竭尽全力活得优雅有品位的老人也很难免遭厌恶。仅从"青春靓丽"一词，我们就可以看出，青春是所有美的代言人，所有的美都被喻为青春。而一旁"丑陋的老人"则代表着所有的"不美"，代表着所有人们想回避的东西。如果这种状况一直持续下去，厌老的趋势不仅会造成虐待老人的问题，甚至会成为最严重的人权问题。而且和其他厌恶情绪一样，人们对厌老情绪的内化程度也在日益加深。

现在已经出现了这种症候。比如，已经有

---

① 《韩民族日报》，2014年1月4日对蔡铉国的采访内容。

不少老人开始认为"其他老人"老态不佳或凄惨可怜,而自己则不是"那种老人"。

"老年人真讨厌,牢骚多,还喜欢反反复复地说。哎呀,妈妈您可不一样,您精神状态好着呢。"

"没错,所以我也不太想去老年人多的地方。"

这是上野千鹤子在《厌女:日本的女性嫌恶》中提到的老年人的"例外策略"。当某一群体成为被厌恶的对象时,这个群体里就会有一部分人不去和这种厌恶抗争,反而会与厌恶/势力结盟,主张自己是例外,而这种"例外策略"反而会使这种歧视和厌恶的结构变得更加牢固。也就是说,通过老年人自己的"例外策略",歧视会不断延续和再生产。那些强调老年生活要有计划、有准备的"老年独立"话语和"成功的晚年"话语也有再生产这种例外政治的危险。主流媒体和专家又怎样？他们不也是用一种二分法的视角——积极参加志愿服务、家务劳动、社会贡献的"仍具有生产性的有用的老人"和因极度边缘化、贫困、疾病而"饱受痛苦的老人"，把现实中具体的老年人抽象化吗？

没有单一的答案，老年人的生活是多元的

现实生活中，老年人的生活和年轻人的生活一样，都是多元的。但是老年人的多元性没有得到充分的体现，人们也没有就此向老年人提出过有针对性的问题。也就是说，老年人并没有被当成真正意义上"有问题的人群"。老年人之所以"成问题"，最多是因为他们被认为是家庭、社会、国家的负担。但是如果老年人可以成为"有问题的人群"，即可以构成人文学领域应该关注的当今社会"问题"的话，

那么探索老年/老年期的视角必然会和那些涵盖整个生死的其他问题和与此有关的反思产生交集。

为此，老年人、那些感觉到自己的人生与老年人紧密相关的人、研究老年问题的专家学者要积极寻找能够打破这个常规理念的方法。老年人自身也要主动去思考如何在日益延长的老年生活中，既保持尊严又不失意义。根据每个人的人生旅程（不论这个旅程平坦顺利还是充满荆棘）、世界观和生命观的不同，会有很多截然不同的答案。这些"答案"会带领我们去对抗那些试图用抽象的观念绑架老人的资本主义的技术实用主义，塑造活出自我、多姿多彩的老年形象。

这些"答案"是我们所有人都需要去聆听、去传授的多姿多彩的尊严。对现在的和未来的老年人而言，"多元的尊严"才是最好的陪伴。老年人活得有尊严的故事会发出一种信号，通过这种信号的吸引，我们将会克服厌恶和歧视，去逐一发现各不相同的老年之美。

老年如此美丽

随着新老年学（new gerontology）理论的出现，社会上要求改变对老年人的认知的呼声也在提高。但由医学、科学、经济学等主要领域的专家学者构建的知识体系和商业主义结合后，所产生的老年话语很有可能是单一片面的。近年来，与"银发产业"的发展同步形成的老年话语认为，老年人的人生是一种带有成功神话的"事业"，试图以此来控制个别老年主体的经验，剥夺老年人对"优质人生，美好人生"的主观解释和想象。在如何解释"美好的过往以及美好的未来生活"这一问题上，老年人失去了话语权。

命令你"优美而成功地老去"

要"优美而成功地老去"，这一命题抹去了问题的复杂性，即让人们忽略老年人的生活

不但与阶级、社会权利有关，还和"如何解释美"这一舆论引导因素密不可分。相反，为了不成为多余的老人，就要不断努力，而这等于给每个人都赋予了西西弗斯的任务。那些强调积极的社会活动——志愿服务、家务劳动、社会贡献等主张，也没有把重点放在老年人在家庭、邻里、社区等共同体内的多重身份和尊严上，而是更倾向把焦点放在是否具备了高效的生产力上。

同样，老年之美也很难摆脱美妆产业和外貌至上主义的大框架。种类繁多的美容、整形技术、健康饮食、保持身体/身材等实践，表面上看起来好像是为老年人保持健康和独立提供了建议，但其实"变老"本身正在成为新自由主义自我开发的范畴。最具代表性的例子就是所有关于变老的出版物都在用所谓"……的……种方法"来总结应该如何应对变老。因此，我想提出这样的问题："老年人能否美丽？""如果能，那老年之美又是什么？"

"美"的语言源自具体生活

我们不会用"美丽"来形容新生儿。每当新生命降临时,我们通常会用哪些词汇来描述那种紧张激动的心情?在片刻的迟疑后,我们往往会先发出一声欢呼,再补上一句"真漂亮。"但这里的"漂亮"其实相当于拟声词。此时的欢呼和严格意义上的"美"相去甚远。面对新生命,让我们动心的不是美感,而是神秘的新生命带来的震撼。婴儿过了百日、周岁、两周岁后,我们慢慢会用"漂亮""可爱""萌""想咬一口"来表达自己的心声。

英语中"美"(beautiful)的词源有"养眼"之意。从婴儿期到一定年龄阶段,包括人类在内的所有生命都是养眼的。"漂亮""可爱""小巧玲珑"等词汇和"养眼""好看"属于同一个语义范畴。"想咬一口"则有点特殊,它让我想起汉字"美"。据说它源自"羊肉肥美"之意,可见美感和口感有着何等紧密的关联。

这些我们在日常生活中经常使用的词汇表

明，我们所感觉、所认为的美与具体的生活紧密相关，也关系到一个人在整个生命周期中，同属一个共同体的人们对人生各个阶段的理解和共识。

为何要以"年轻"为美的标准？

到了一定年纪，"美"可能会成为我们在整个生命中使用频率最高的一个词。但是当我们想要描述人生旅程走到一定阶段，比如五六十岁之后的感觉或感动时，就会发现"美"又是多么不够贴切。由此我们可以再次确认"美"的通用范围是多么狭窄。

从生物学角度而言，人在二十几岁的时候，就会结束生长发育，此后身体的变化就不再是成长，而是另外一种趋势，但是否一定要称其为"老化"还有待商榷，总之人的身体模式和以往不同了，对外界的反应也有了变化。从物种繁殖的角度来看，就是人的身体在自发地完成"自我技术"（technologies of the self）。

处于成长阶段的年轻人是耀眼的。这种

耀眼本身就让人自我满足。我们偶尔看到朋友或家人青春年少时的照片,会吃惊地发现他们散发着难以掩饰的光芒。而且更令我吃惊的是"他们都很美",没有人是不美的。我们在路上或在学校碰到的年轻人,都是"美的",即便美的程度和方式各有不同。他们的美不在于五官标致,而在于"奋力生长和绽放"。他们的细胞正在高速地分裂,没有空隙,十分饱满。因此"缺乏"一词不适用于他们,因为年轻人血气方刚、朝气蓬勃。

但是这份美在根本上源自"物种的神秘"。如何认知美,这当然是社会文化的产物,但年轻时的美最接近自然,受到文化上的压抑或控制也最少。所以此后的美都是这份"青春之美"的残余。如果以这份美为标准去描述此后的美,总是会被贴上"仍然"的标签,比如,"您仍然美丽""您仍然漂亮"。按照这个观点,年纪越大,不美的概率要比美的概率大得多。因此随着年龄的增长,人们都希望抓住"仍

然",因而被卷入"年轻而优美地老去"这一自相矛盾的逻辑中。

如何感受"美"

由此可见,所谓"美"其实与具体的生活并没有多大关系,反而是某种社会观念的附属品。在某个特定时期,即除了"物种的神秘"占主导地位的时期,其他各个人生阶段对"美"的感觉和认识都受习俗、社会因素的影响。

美、爱、羞耻、厌恶等情感是在内外相互循环的过程中形成的。情感不仅是人们由内而外的表达,也是在某种理念的脉络和语言的战略中形成、变化、扩散后,最终再进入人的内部。为什么某一时期某种情感(比如,当前的厌恶)会在整个社会蔓延?为什么某种情感与人们身份认同的关系(比如,爱和自我的关系)会随时代的变化而变化?这就是因为这种情感是通过"由内而外、由外而内"的结构形成和表现的。而且人们往往用旧情感去解释新情感。总之,情感不仅和个人的过往有关,还和一个社会的历史密不可分。人们对美的感受或认知也具有这样的属性。

美、爱、羞耻等情感彼此密切相关。在当前正在扩散的老年人形象中,这些情感正被毫无根据的"而且"或者"所以"联系起来,最终形成十分消极的闭环。例如,老年人没有令人称羡的身体和外形,所以不适合爱和被爱;老年人不但不美,而且会让人联想起死亡,所以令人厌恶。这种逻辑导致一些有自我意识的老年人常常感到羞愧。这个闭环的核心认知就是老年人"不美"甚至"丑陋"。但之所以会出现这样的认知,是因为我们试图用前面提到的"物种的神秘"所赋予的那耀眼的"青春之美"来形容其他年龄段的人。这正是我为什么要再三强调情感和认知是社会文化的产物。

前面也提到,英语中"美"(beauty)的词源有"养眼",即"吸引眼球"之意,此外它还有"肉体吸引"(physical attractiveness)、

具有诱惑力和美丽的人、表现尊重和好感等意思。德语中的美（schön/heit）的词源则包含"耀眼""显眼""关注""认知"等含义。韩语中"美丽"（아름답다）一词的词源有三个不同解释，即"像＋一搂""像＋自己"和"像＋学问"。这三种解释分别意为：伸出两臂合抱的量或长度；自我感觉和想法，即主观情感；有学问。也有一部分人根据自己的理解，将其解释为"像知道的对象"，还有一些人完全按照自己的想法，把它跟"生病"联系起来，理解成"生过病的人"，即"了解病痛的人"。韩文学家徐廷范认为，如果重视历时性（diachronic）语言分析，那么，三者中最具可信度的是"像自己"。

包括中文"美"的词源在内，这些词汇都具有一个明显的共同点，那就是所谓美，其实和"认知"相关，此时重要的是"我的"认知。俗话说"连刺猬都觉得自己的孩子皮毛油滑"。但是前面我们还提到，情感和认知是在社会环境中形成的,所以"我"的认知并不完全是我的自主选择。

瓦尔特·本雅明(Walter Benjamin)试图从认知的角度去理解"美学"时,考虑的也正是认知/认知结构的历史性。美学是对认知的逻辑思考,认知根据再现(representation)的技术和社会文化的不同而具有时代性。所以问题不应是"何为美",而应该是"我们'感觉'何为美或丑""这种感觉的结构,即认知结构的形成都受哪些因素的影响。"

"包裹身体的灵魂"卷入形象的王国

技术和美妆产业的发展导致与现实生活没有直接关系的"形象"与日俱增,而这对我们当今的认知结构起到了决定性的影响。我们几乎每天都能经历和感受到"形象即意义、即生产",而在众多形象中,威力最强、最核心的就是我们的身体。让·鲍德里亚(Jean Baudrillard)曾指出,在商品消费文化的时代,虚拟形象的影响力远大于现实,"在人类所有

的消费品中,最美妙、最精致、最耀眼的就是身体"。假如说以往是"灵魂包裹着身体",现在则是皮囊包裹着身体。皮囊就像充满魅力的服装和第二居所,是符号,是流行的样本。如果说过去我们管理好自己的身体,是为了在劳动、生育等其他领域中的生产和意义,那么现在身体本身就是生产、是消费,同时也是符号和意义。

在这个形象的王国,老年人很难获得公民权。当"保持身材"与身材至上主义混为一谈,且身材至上主义具有强制力的时候,也就是说,当身材至上主义甩开其他价值和想象力,像独裁者那样独掌大权时,它就能成为囊括社会、文化、政治的哲学问题。

形象产业会提供一组数据,根据这组数据,美和瘦的身体往往会被认为是"正常的"或"有价值的",而老人的身体、残疾人的身体,以及其他不符合这一标准的身体就是"非正常"或"没有价值"的。但是皱纹的增加、身体线条的变化就像是重力法则，不论多么努力用科学的方式管理身材，使用多么尖端的医疗技术，终究无法逃避身体的老化。

在这种意义上，老年人让我们再次想起"包裹身体的是灵魂"。老年人要和其他年龄段的人重新进行灵魂的交流，交换对"美"的看法，实现彼此间的和解。如果保持现状，那么"百岁时代""一百二十岁时代"将更有可能成为灰暗的命运而非令人鼓舞的喜讯，因此我们现在必须马上应对的就是这个问题。

"只能堂堂正正地去面对"

几年前，也就是年过半百之后，我开始觉得幼龄或年轻女生会用很奇怪的表情盯着我。因为没有明确问对方是不是在盯着我，为什么盯着我，所以只能说是"觉得"。但这种感觉很微妙，是过去没有体验过的视线。那种眼神给我的感觉并不是出于善意和让人愉悦的好奇心，而是让我怀疑是不是自己脸上黏着什么东西，所以会不自觉地去摸自己的脸。

去图书馆借书时,在那里工作的二十出头的学生把书递给我时的表情;在年轻人聚集的咖啡馆点饮料的时候,结账台对面的年轻女生(看起来不到二十岁)看我时的表情;当我向学生吐槽网络媒体报道我参加学术会议的照片很奇怪时,学生笑着说:"那明明就是老师您呀!"他们的表情都有一个令人难以理解的微妙之处。有一次坐地铁,看到玻璃上反射出我的脸,突然觉得很陌生,着实吓了一跳。这让我认识到,别人眼中的"我"或照片里的"我"和我自己所熟悉的"我"有很大不同。看来我到了人们常说的"不愿再拍照"的年纪。一个想法油然而生:"现在开始要以真正负责任的脸庞生活了!"那种感觉仿佛当头一棒,也促使我更深入地思考老年问题。

开始从多个角度感受和思考老年问题以来,有一个场景和一个人时常浮现在我的脑海中。在我四十出头的时候,一个和我同龄的朋友给我讲了她去理发店时的一件事。当时那家店里，有一个约莫上幼儿园的小女孩跟着妈妈来剪头发。在排队等位的时候，她指着一旁坐着的老奶奶，大声叫道："巫婆！"然后哈哈大笑。那一刻，朋友吃惊的程度不亚于那位奶奶。朋友说她自己感觉像是被人羞辱了。"巫婆"指代的是"老女人"，童话和现实中没有哪个词汇这样描绘"老男人"。

我和朋友谈道，就怎样称呼和对待"老女人"，社会应该有一个共识，但当时我们并没有把自己当成"老女人"，所以没过多久就把这件事忘在脑后。自从关注老年问题，这个场景就突然浮现在我的记忆中。假设我去理发店，碰到一个幼儿园小女孩用手指着我，叫我"巫婆"，还哈哈大笑，我会是什么感觉？这次，我把自己放在那个场景，哪怕只是想象，都让我感到备受侮辱，双颊发红。更何况就算不会发生这种不愉快，我这一辈子都不太适应再去理发店。

开始研究老年问题以来，一位高中同学

的母亲总是清晰地浮现在我的脑海中。当时我读高一,有一次去一个朋友家,见到了他的母亲。朋友在家中排行老二,上面还有一个二十来岁的姐姐,他母亲当时四十五六岁。她告诉我:"人生就像是海浪,会不断冲到你面前。但就算是惊涛骇浪,也只能堂堂正正地去面对。"我不记得当时她为什么要对第一次见面的儿子的同学说起这些,但对她说话时的声音和表情记忆犹新。

当时我尚"年幼",她是我能想象的最"年长"的成年人。对还没有驶向"大海"的我来说,她的一席话就好像"老人的格言"。她的嗓音有些沙哑,表情像即将迎战的战士那样严肃认真,又略带一些玩世不恭!不知道什么原因,当时感觉连我都充满了自信,就好像为将来成为老太太之后要面临的恐惧提前打了预防针。预防针的名字就叫"不管怎样,只能堂堂正正地去面对"。

在我的记忆中,她和当时很多中壮年女性

一样，没能接受好的教育，家境也不富足。也许正是因为这个原因，所以她脱口而出的"堂堂正正"至今仍然让我难以忘怀。现在我的年纪可能要大过当时的她，她是否已经成为一个"堂堂正正的老太太"？开始了解老年人的状态以后，我偶尔会想象耄耋之年的她是什么样子。

老年之美：吸引力

此后，她便成了刻在我无意识/意识中的典型的"上了年纪的女人"的形象。但是她的形象和社会习俗所教会我的"美"很不一样，甚至不能简单用"美"来形容。她身上散发出一种尊严、吸引力和令人心潮澎湃的感觉，似乎可以毫无顾忌地对人说："美怎样，不美又怎样？"现在回想起来，我当时的那种感觉是对她的尊严的反馈，一种即使岁月的风霜在我的脸和身体上留下了粗糙的痕迹，也不能随便叫我"巫婆"的尊严。

这一尊严才是把我们吸向老年人的引力，

也是长时间"堂堂正正地面对惊涛骇浪"的老年人理应获得赞叹的源泉。老年人的吸引力，只有真正理解和评价这份力量的含义，我们才能够走出现在通用的狭义的"美"，使"美"的含义得到扩展。在进行这种扩展的过程中，我们会不断发现全新的老年之美。

事实上，美学、有关爱的理论、有关欲望的理论都关注过"吸引力"。就算再美（看起来美），如果没有"吸引力"，那么这份美就只是"山寨版"。相反，即便奇丑无比，只要有吸引力，那就具有美学思考的价值。所以"丑的美学"也是有可能的。但此时的审美理念和康德所说的"即刻享有"有一定距离。康德认为我们被美的东西吸引，源于不受任何利害关系牵累的"不涉及利益的兴趣"（disinterested interest）。当碰到能够唤起我们"不涉及利益的兴趣"的对象时，我们就会经历"即刻享有"。

在没有任何利害关系、排除任何主观判

断的情况下，是否能够感受美带给我们的"纯粹"快感？在康德的"美的完美模型"，即"自然"这一美的原型中，能否获得这份快感？人类学和文化理论已经指出，即便是自然，也是在与文化的关系中被认知的，即刻享有在一定程度上可以看作不过是上流阶层为了独占和再生产文化资本，而进行炫耀和散布的理念性战略。

为了重新发现多元的老年之美，我们需要了解在历史上有关"吸引"和"被吸引"的话语与理论是如何形成和展开的，也要了解在这个过程中，资本主义和技术的发展又起了什么作用。"什么看起来美"和"判断何为美"这两个问题息息相关。中世纪、近代初期以及现在对美的标准和美的观念完全不同，由此可知，根本没有所谓对美的形态和内容的普遍认知。为了谈论老年人的美，我们需要扩大"美"的外延，或者从"具有吸引力、引人注目的存在感"的角度创造出更多不同的词汇。

我们需要思考如何使美的秩序变得更正义，换句话说，针对人生的不同时期和方面，我们要重构与之相对应的美的秩序。

与具体生活紧密相连的美感

假设对美的认知与生活本身毫无关系，那么在对"美"的追求中，所有人都是局外人，而老年人群身处最外围。我希望本书讲述的八位老人的故事，能让读者意识到现在对"美"的认识多么有失偏颇，并重新在具体的生活中，寻找对美的感觉。我希望通过这些故事，去寻找那些没有被以年轻为美的美妆产业策略、有消费能力才有尊严的资本主义逻辑、做出对社会有益的活动才有用的貌似公平的逻辑裹挟，按照自己的人生旅程和节奏，在老年这一人生的舞台无拘无束地度过老年生活的人。通过这一努力，希望老年人的声音能够不再被歪曲，希望老年人能够获得理所应得的理解和尊重。

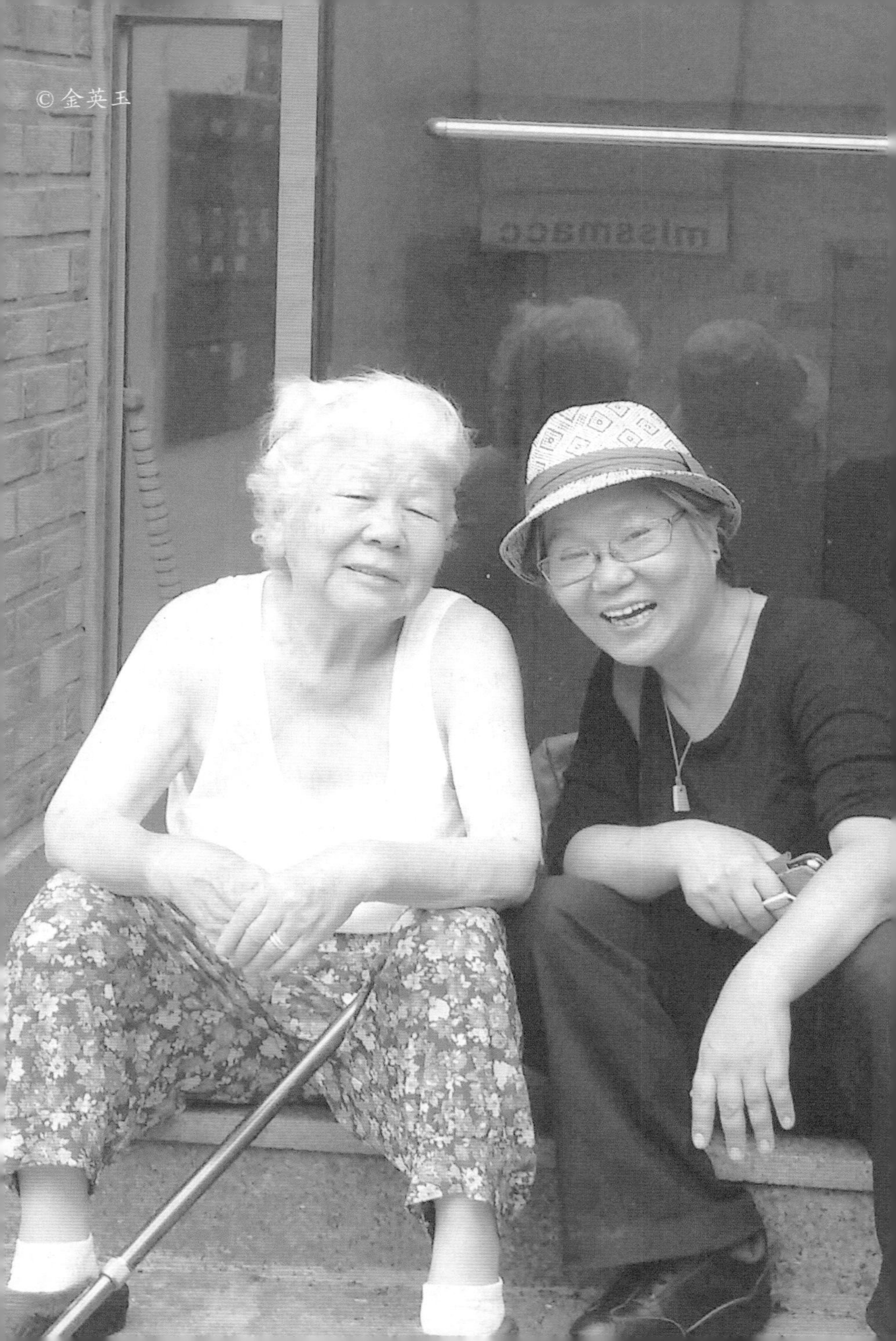

2. 给老人以尊重而非同情：
"每个年龄都值得一活"
——不怕变老的女人，崔贤淑的故事

现在"变老"已经超出好恶的范畴，成了人们恐惧的对象，而恐惧背后的情感就是厌恶。通常人们对"不熟悉"的事物抱有恐惧和厌恶之情，但"变老"随处可见，所以谈不上"不熟悉"。对变老的恐惧源自毫无根据的谣言。……变老和死亡不是好恶的问题，而是关于时间的故事。人们之所以会害怕无始无终的时间和作为其组成部分的变老和死亡，是受到了谣言的影响。不论是恐惧，还是面对，我们都需要先弄清楚到底什么是"变老"。所谓"变老",关系到人生各个阶段随处可见的贫困、边缘化、不平等或过度医疗等问题。这是资本主义的问题,也是每个人对待"变老"的态度问题。如果因为一些谣言,分不清敌我,那就相当于被素未谋面的敌人落井下石。而且老年人处于人生终章,所以也很容易在斗争中死去。[①]

2017年,她61岁了,有人称她为"长者",还有一些小孩子称她为"奶奶"。但是她本人不太清楚自己到底处于哪一年龄阶段,如果有一点比较明确,那就是在家庭和社会中,男女在各年龄段的作用和地位大相径庭。对一生在职场奋斗的男性而言,大多数人会随着"退休"进入老年阶段。相反,操持家庭的女性因其家庭角色,认知自己的社会角色或开始社会

---

① 崔贤淑,《对变老的恐惧只是谣言》,网络杂志 *Glocalpoint*,http://blog.jinbo.net/glocalpoint/26.

活动的时间较晚，所以女性积极参与社会活动的时间可以相对更晚一些。

步入耳顺之年后，她的一句"不能再被谣言所骗"尽显豪气。熟悉她的后辈或同事都很喜欢这句话。现在的"老年话语"越来越"消极"，三四十岁的女性也开始对未来的老年生活心存担忧，而她的这种豪迈之气是这些人在需要定心时必不可少的强心针。

2008年，崔贤淑公开了自己对同性的特殊情感，并参加了国会议员竞选。当时正在同步拍摄有关2008年她的纪录片，就在这个时候，她迎来了自己的"更年期"。包括金一兰导演在内的其他同事都无法完全理解她的身体状态，所以没能充分考虑这一因素（若干年后，他们才充分理解这一点）。从个人身体的角度而言，更年期本身就是一个"陌生的转折期"，而她在情感和政治活动领域，也同时开启了"陌生的挑战"。

选举是在 2008 年 4 月，当时我的身体状态越来越差。声音发哑，容易疲劳，感冒不易恢复。我去离家近的医院接受检查，向医生说明了身体情况。那是一位上了年纪的"医生爷爷"。他听了我的描述，就问了我的年龄。他说我的症状像是更年期，建议我做血样检查。一听是更年期，我反倒松了一口气。因为当时竞选在即，我也不好跟别人提自己的身体情况，正闷头担心自己是不是得了什么重病。如果得了重病，就不能参加竞选了。居然是更年期，真是万幸。所以我对竞选团队的人们说："医生说我是更年期。"虽然我不能明目张胆地说"我是更年期，所以你们要照顾我"，但我还是旁敲侧击地向他们表露我可能并不能成为满足他们预期的候选人。

崔贤淑目前从事养老护理员的工作，并撰

写老年人的口述史,已经出了两本相关书籍。养老护理员的工作和撰写老年人的口述史并非两件毫不相干的事情,而是同一个活动的两方面。这两份工作都需要频繁深入地接触老年人,也需要通过这种接触,找准区域社会进步活动的方向。对她而言,作为生活来源的工作和政治实践是不可分割的。她自幼就有写作的欲望。她本以为自己年过四十,积累了丰富的人生经验后,就可以写小说。四十岁时,她的确尝试过写小说,但只是徒劳,没什么结果。她意识到创作虚构的故事,仅靠人生经验是不够的。

成为养老护理员之后,"奶奶们"茶余饭后给她讲了许多人生故事,这再次激起了她写作的欲望。聆听那些故事,并将它们转述给其他人,这与她的写作欲望、参与活动的意愿以及人生态度都不谋而合。或许可以说,她的多个活动汇集到一起,形成了一个令人满意的人生局面。现在她作为养老护理员、作为人生记录者,"一边工作一边活动"。随着对老年人状态的理解日渐加深，她对自己的过往人生和日渐增长的年龄也增添了新的感悟。

她强调每次转折，自己"都没有害怕选择陌生事物"。她的人生经历与主流社会要求的规范相去甚远，她选择了一条相当自由的路，因此每个年龄对她而言都值得一活。她在人际关系、活动、职业方面，都做了不错的选择，所以我很好奇她在耄耋之年，会怀着怎样的好奇心和欲望去生活。她的养老护理员朋友们打趣说："即便她将来成了养老院里的老人，也会拍下劣质餐食的照片向工会投诉。"

从养老护理员开始的理想实践

崔贤淑被更多人熟悉是因为她在参加首尔市钟路区国会议员竞选时，公开了自己的"同志"身份。她过去结过婚，还育有两个孩子。后来她结束了那段婚姻，选择公开自己的身份，并参与性少数群体运动。由此，除了她离

婚前一直参与的教育扶贫运动,她还开始参与女性、性少数群体人权运动。2003 年以后,进步政党不断分化。2008 年她以"进步新党"候选人身份参加国会议员竞选,最终落选;2009 年竞选进步新党的副代表,也以失败告终。

ⓒ 朴金炯俊

在这种情况下,她认为在党派中很难实现自己的政治理想,所以她选择了照料劳动。崔贤淑认为过去十多年来进步政治始终没有充分考虑照料劳动/劳动者的领域。照料劳动/劳动者的问题牵扯多个领域的议题，包括老龄化社会、非正式员工、社区活动、作为社会弱势群体的女性和老年人、作为共同体伦理的照料问题，等等。虽然此前有关转向"照料社会"的话语很多，但是照料劳动始终没能成为后资本主义社会进步政治的主要对策。这正是崔贤淑选择成为养老护理员的原因。

在照料劳动的多个领域中，和她同龄的贫困女性选择最多的就是养老护理员的工作，她认为这不失为实践自己政治理想的很好的途径，而且在诸多非正式员工中，养老护理员属于最差的工种，这些是促使她选择投身照料劳动的具体动机。对她来说，公开自己的"同志"身份、参选国会议员和从事养老护理员的工作，都是政治活动。目前除了养老护理员的工作外，她还在撰写老年人的口述史。

2008年韩国开始实施"老人长期疗养保险制度"。2009年起社会上开始大量涌现相关培训机构，培养了一大批年龄在五十岁以上的养

老护理员。崔贤淑也在 2009 年参加了全国养老护理员培训学校的课程。当时公共工会为了把照料劳动的从业人员组织起来,大力发展了养老护理员培训机构和行业协会。表面上公共工会希望隐藏工会的属性,但他们的真正目的是通过财政支持和培训等措施,搭建工会组织的基础,最终缓解五六十岁女性们的排斥感,从而达到组织效果。

她在没有任何准备的情况下,成了一名养老护理员。在这个过程中,她发现了一个比进步政治的区域性组织更有意义、更令她产生兴趣的工作——通过和老年人的日常接触,用口述史的方式,把老年人的人生记录下来。或许这才是最符合她初衷——播撒积极实践的种子的一条路。

记录老年人的人生,还有一个好处,那就是可以想象自己未来的样子。但她最为关注的是那些"普通老人"具体的人生轨迹。对于那些女性老人,她尤其希望能像保护火种那样,把她们的人生经历完整地记录下来。在她的笔下，那些因害怕社会的冷嘲热讽而只能尽力隐藏的人生故事，得以不加修饰地娓娓道来。

他们是映射未来的镜子

我们看待老人，通常只会考虑老人现在的样子。通过口述史的工作，聆听了那些老人的故事后，我开始感受到他们每一个人都是从幼年、少年、青年、中年到老年，一天天一步步走过来的，经历了每一个……具体的时间。由此我也会对自己的未来有一些预期。虽然我现在年纪也不小了，但还是会对自己更老的状态有一些考虑，比如，我今后将面临的每一天、我变老后的生活……诸如此类的问题……其实蝌蚪根本无法完全理解青蛙的状态。俗话说，青蛙不会记得自己蝌蚪时的样子，但其实这话应该反着说，是蝌蚪不知道自己将来成为青蛙时的样子才对。我们可以通过那些比自己人生经验丰富的人，想象自己老了以后的生活。

除了口述史中记录的老人，她作为养老护理员接触的每一位老人都是为她映射未来的镜子。看着那些因为身体或精神受损，而需要依赖他人提供具体照料的老人，她觉得虽然自己现在住着一亿韩元的传贳房，[①] 但到了八九十岁，肯定也得选择住养老院。

> 我时常在想，到了那个年纪，我可能也是那种状态。除非我很有钱，住得起高级养老社区，否则我也会选择普通的养老院，我的生活也应该是那个样子。

---

① 译注："传贳"是韩国特有的租房形态，租户向房主交一定金额的保证金，到期后，房主将保证金全额返还给租户，租户无须向房主支付其他额外的房租。

到了那个时候，我希望自己处于一个怎样的存在状态？这个问题对我来说很重要。

她认为自己的身份是活动家。作为一个活动家，她为自己未来八九十岁的生活做了哪些准备和计划？2008年韩国开始实施老人长期疗养保险制度以来，似乎还没有出现以活动家的身份在养老院生活的老人。在养老院，老年人可以根据自己的身体和精神状态，进行折纸、涂鸦、体操、简单的健身等日常活动，但很难进行积极主动的"活动"。也许还要过很长一段时间才有可能出现"活动家奶奶"或"活动家爷爷"。

在没有其他选择的情况下，去养老院度过人生的最后阶段，不应成为恐惧的对象。但为了使养老院的生活成为人们不再惧怕的、愿意欣然前往的选择，需要更多的努力去改善养老院的状况，需要从社会、政治的角度形成话语，构建必需的制度和机制。

在韩国，养老院至今仍然是一个能不去就尽量不去的地方。目前来看，即便是在有独立的私生活空间，提供饮食、打扫卫生、洗衣等基础服务的高级养老社区，也无法摆脱孤立和冷落老年人的问题。在儒教文化和父权制并存的韩国社会，因为老年、养老问题和孝道思想交织在一起，所以没能找到很好的解决方法。国家和社会没有努力去为每个老人构建安全的生活和切实可行的社会保障体系，而是将这种负担首先转嫁给了血缘共同体。老年人本身虽然不希望成为子女的"负担"，但也不愿意去养老院，因此陷入了两难的矛盾。

在传统儒教父权制根深蒂固的韩国社会，照顾老人的任务一直以来是由儿媳无偿完成的。在父权制社会，丈夫或儿子是被照料的对象，而不会去照料别人。眼下，越来越多的女性认为职业是终生而非一时的选择，而且男性也无法像过去那样，长期稳定地在一个单位工作，独自承担养家糊口的责任。现在，抚养老人已经不再是儿媳、妻子、女儿所能解决的问题。邻国日本比韩国更早进入超老龄化社会,韩国和日本一样,由配偶而非儿媳或女儿负责照顾老年人的比例正在提高,养老院也在成为一个重要的养老方案。

但是面对因老年痴呆症或帕金森症等老年疾病而无法独立生活的父母,儿媳和女儿依然会在"做不到"和"要做"之间经历十分严重的纠结和歉疚。在韩国,因虐待老人被举报最多的是儿媳的原因也与这种情况不无关系。儿子很少会照料无法独立生活的年迈父母,而且就算儿子在照料父母的过程中发生了虐待行为,也几乎没有父母会举报自己的儿子。[1] 可见韩国社会虐待老人的问题和父权制的儒家文化以及与此相关的孝道有着十分紧密的关联。

将"安全"养老的问题从家庭单位的孝道中拉出来,作为一个公共的议题进行讨论是十

---

[1] 金美惠、权琴珠,《对儿媳虐待老人过程的研究》,《韩国老年学》28(3),2008,403-424.

分重要的。从公共性的角度去认识老年人的生活，并由此制定老年人相关政策，这才是维护老年人人权的核心。在照料福利制度中，最大的问题不是养老院本身，而是养老院正在大型化的趋势，而这与女性的劳动权也紧密相关。通过将收容人员控制在十至三十人，以确保提供人性化的照料服务是关键，但是现在的养老院为了追求利润，正在牺牲这个基本的价值理念。

> 养老院做大的话，就会沦为商业机构。早上起来，准备早饭，吃完早饭收拾一下，接着准备午饭……这样一来，老人的一天，就是吃了这顿等下顿的循环往复，不再有别的乐趣……而那些小规模的养老院则会为老人安排各种各样的活动，老人之间或老人和照料人员之间可以形成较好的关系。比如，有些人会接受自己现有的问题，希望在这种局

限的基础上，尽最大努力获得幸福。生活在公立养老院的多数是贫困的老人，但现实是越来越多的老人正在选择这种养老院，所以这不再仅仅是贫困的问题。也许有人会认为"这里简直是骨灰堂，是坟墓，是临死前的最后一程，是现代版的高丽葬"。但就算有这种问题，仍然还有一部分人觉得这里是最佳选择，我要在这里安下心来生活，该感恩的感恩，该要求的要求，这一点很重要。

但是近年来这种情况并不那么令人乐观。"养老院"做大后成为"商业机构"的情况随处可见。但其实这一点从老年人的照料问题成为制度之初就已经可以预见。老人疗养制度是新自由主义的经济逻辑（以市场竞争促进福利发展）和儒教文化的道德伦理（对孝道、奉献精神等无偿照料进行理想化）相结合的产物，一方面，照料劳动者在恶劣的劳动条件下，仍

不可避免工作的不稳定；另一方面，养老机构更在意的不是照料的质量，而是追求利润和效率，因此这会成为一种商业场所。① 养老院争相扩大规模，"家一样的地方"变成整齐划一的"商业机构"，而对那里的老人和照料劳动者而言，在那里度过的每一天，都不是生活的经验，而是一日三餐和换三次纸尿裤。

但是社会很快就会进入老人以活动家的身份积极参与养老院运营的时代。这不仅是因为婴儿潮一代人逐渐退休，同时也是因为面对越来越长的老年期，人们已经不能茫然地陷入不安。

选择"陌生事物"，在每一次转折中感受"知足"

和其他所有的情况一样，不安的情绪也

---

① 权修贤，《对制度化过程中出现的照料劳动性质的研究：以性别化的关系劳动的特点为中心》，延世大学研究生院文化学跨学科课程女性学方向博士学位论文，2013.

是在社会关系中形成的。这种情绪并不是由内而外的表达或由外而内的渗透，而是像莫比乌斯环那样，是在内部和外部的相互交织中形成的。面对即将来临的老年生活，很多人之所以会感到不安甚至恐惧，与各种文化产物、社会的普遍认知、价值观念塑造起来的老年人形象密不可分。脆弱、没有自控能力、固执、无用、落伍、有异味、没有判断力，等等。这些负面的老年人形象就像客观事实一样，附着在老年人身上。这种附着越严重，老年人就会越感到不安。

相反，在负面的老年人形象一旁，我们的社会正毫不犹豫地树立十分抽象的、理想化的老年人形象——为人宽容、富有智慧、处事游刃有余、不在意别人的眼光、有品位的老人。当人们强调抽离于现实的理想化的形象时，现实中无法满足这一形象的"欠缺的"老人就会被进一步边缘化。但我们应该知道，即便有这样那样的不足，仍然还有不少老人会让我们觉

得"过得很不错"。能够减轻人们对老年期毫无根据的恐惧或不安的不是那些被大张旗鼓"宣传"的老人,而是那些在有限的条件下也能让自己过得"足够好"的有智慧的老人。

即便是在人们想尽量回避的养老院,我们也能发现这样的老年人。一概而论地用"苟且生活"或"还没死"的角度去看待选择住在养老院的老人是十分危险且暴力的。因为这当中也存在多元性。有不少人在尽力调整自己的心态,也有一些人在养老院结交新朋友,度过幸福的晚年。关于这一点,崔贤淑说,她在养老院遇到了两位印象深刻的奶奶。她觉得那两位奶奶的生活堪称"幸福的老年"。

> 在养老护理员协会和工会工作的时候,我经常到养老院实习,有一次去了一家比较大的养老院。那里有一对奶奶公开表示喜欢对方,其他爷爷奶奶甚至说"她俩是小两口"。在来养老院之前,

两位奶奶互不相识,而且入院时间也不一样。其中有一位奶奶因为无法适应养老院的生活,所以每天哭着喊着要出去。她总是要求工作人员给她的子女打电话,子女来看她的话,就要求回家,弄得养老院的工作人员很发愁。后来,有一天她碰到了另一位奶奶。两位老人互相熟悉之后,一切都改变了。在我看来,她俩确实像小两口。那家养老院还有进行天主教弥撒的场所。其中一位奶奶是天主教信徒,另一位则不是。但是非信徒奶奶会陪着信徒奶奶一起去参加弥撒。如果有一位奶奶没有胃口或因为生病而没能进食,另一位奶奶就会拿着食物去看她。神奇的是,其他奶奶也完全没有看不惯她俩。养老院的工作人员也许可以不带偏见,但是对其他奶奶而言,这毕竟是一件很微妙的事情。可是其他奶奶也只是说她俩是小两口,并没有歧视

的意思。养老护理员或社工人员觉得她俩本来就那样。其实她俩并不是"同志",但看起来就像是"同志"。那天实习结束后,我专门去看她俩,结果她们正在午睡。两人面对面躺着,她们的手刚好摆成一个心形。不知道她们自己有没有发现,她们找到了可以在养老院过得幸福的办法,那就是找到了心之所系。

当然,不是所有在养老院生活的人都能过得幸福安稳。有不少人只是在维持肉体的生命,而没有任何意识。看着他们,会不由得自问:"应该怎么看待他们的存在?"比起"不安或恐惧",崔贤淑强调的是"知足"的感觉,但看到那些身患痴呆的老人,她也会觉得也许这种感觉本身就是一种奢侈,会让人选择沉默而非高谈阔论。对我们大家而言,那些只能说自己的精神和身体"状态不太好"的老年人都是陌生的他者。而对待陌生他者的态度因人而异，就算无法抹去不安的情绪，也并非没有任何积极的元素。

崔贤淑说："至今，我的人生就是在不断地选择陌生事物。"可就算是对她，即将来临的老年生活也是一种十分陌生的状态，同时也是关注和好奇的对象。我很想知道她会在"情况可能不如现在时，从中找到什么有趣的事情，和什么人形成怎样的关系，扮演什么样的角色"。在从事养老护理员工作的过程中，她不断在养老院的老人和需要持续照料的独居老人当中，寻找"生活状态不错"的老人，这是因为她试图从这些老人身上提前看到自己的晚年。具体的条件和状况也许会不尽如人意，但是她相信自己可以像过去那样，通过自信和自尊去克服一切。在过往的人生中，她每次都面对陌生的情况做出选择，但在每一次转折中，都感受到了"知足"。相信面对即将到来的陌生的老年生活，也会如此。

别人可能会觉得我不高尚、没什么了不起，也许还会觉得我可怜。但是没关系。迄今为止，我也一直都是在这样那样的情况中，通过思考，一路选择过来的，对此我感到满足，相信余下的人生也会这样。我知足了……不管别人怎么看……（哈哈哈）

在空虚和抵抗中成长，且不舍追寻

从家庭主妇到"同志"活动家，再到养老护理员和老年女性/男性的人生记录者，崔贤淑的过往人生可谓跌宕起伏。为了理解现在的她，我们需要了解一下她的幼年期和青年期。她在记录别人的人生，而我之所以要记录她的人生，是因为我相信，即便老了，精神和身体状况不如从前了，我们仍然可以在老年期"照旧生活"，而且按照自己想要的方式生活，这样的老年状态应该是最美的。

她的母亲在20世纪60年代后期韩国社会高速现代化的时候，离开故乡来到了首尔。母亲肩负起本应由父亲承担的养家糊口的责任。和当时很多人一样，母亲能够靠努力赚钱的地方是地下经济，也就是放"日收贷款"，① 以鹭梁津水产品市场的商贩为对象谋生。在母亲频繁身体不适的情况下，崔贤淑作为家中长女，只能替母亲拿着日收账簿在商贩中间周旋。

虽然她还有一个哥哥，但是母亲坚决反对"宝贝"儿子介入放贷或日收等"有失体面的"工作。她当时上小学二年级，开始私自从日收中扣留一些钱。随着年龄的增长，她开始偷同学的参考书，翻同学的储物柜。母亲希望尽可能节省开支，所以每次她需要买学习用品时，母亲总是说："找你爸要钱。"母亲对父亲不能扛起家庭经济重担，表现出了赤裸裸的不满。父亲则试图用一句"找你妈要钱"来恢复一家

---

① 译注：贷款人向放款人借一定金额的钱，后续每天还一部分的贷款方式，因为放贷人每天去收债，所以俗称"日收"。

之长的自尊。她就像一个皮球一样被父母扔来扔去。然后就是父母无休无止的争吵。她成了父母争吵的导火线,这对年幼的她是巨大的伤痛。(现在回想起来,她觉得当时)母亲并没有给经济上无能的父亲保留"父亲的颜面"或"丈夫的地位",而是通过"你爸从来没给我一个子儿""你们以为我是水龙头吗?每天找我要钱!"让父亲毫无体面可言。

在这种情况下,父亲作为一家之长,时常挥舞拳头。为了和父亲抗争,她开始对抗整个父权制的社会规范。不论父亲让她做什么,她总是拒绝、怀疑或者质疑。在对抗父亲的过程中,她慢慢形成了拒绝主流秩序或观念的原初力量。父亲时常主张一家之长的权威,却尽不到相应的责任。面对这样的父亲,她自幼开始心存怀疑,而这种怀疑的力量使她在日后的人生中,敢于拒绝主流体系的运行方式。每一次人生抉择,她都选择了常人觉得吃亏的选项而非"普通的选择"。

当然，这份怀疑也有破坏效果。在对包括父亲在内的其他人抱有怀疑态度的同时，她发现自己非常脆弱，时常陷入分裂和混沌。一方面是偷窃、说谎的坏"自我"，另一方面是时刻注视着坏"自我"的另一个"自我"。在外人看来，她是个成绩优异、积极向上的好孩子，但是她的内心还住着一个"坏孩子"。造成这种分裂的一个重要原因是在敏感的少女时期出现的腋臭症。

初中一年级开始发育以来，她的腋臭症也随之凸显，这给她造成了难以摆脱的困扰。无论夏冬，为了避免出汗，她总是清晨离家。就算乘坐冬天的早班公交，她也要打开车窗。上课时，也因为担心腋下的汗臭，所以不敢脱外套。初中时因偷窃导致"自我被损伤"的局面和中学一年级以后的腋臭症叠加在一起，形成了更加受伤的少女的身份认同，而这种"自我被损伤"的感觉成为她高中时代最痛苦的"饥饿"感。

上高中的时候，宵禁凌晨四点结束后，我就借口要学习早早离家。天还没亮，别人都在睡觉，马路上的路灯还没灭，离第一班公交车还有二十分钟，但我还是尽早离家，因为我想在父亲醒来前离开。首班车上只有一两个乘客。那种感觉特别好，是一种自由感或者满足感。"今天会是美好的一天，要好好度过这一天。"但是到了学校我就开始翻同学的书桌，这样一来，这一天就又废了。一个人的感觉很好，但是我也不知道该如何管理自己独处时的状态，所以也很痛苦。

对于翻同学书桌的行为，她说是"空虚"所致。这种"心理上的空虚"在她停止偷窃之后也没有完全消失。2013年这份空虚终于得到了些许缓解，这是因为为了准备《天堂与地狱的距离有那么远吗》一书，她采访了自己的母亲。

"有一点让我感到安慰的是，妈妈告诉我，

刚到首尔租房子住的时候,因为房子太冷,父母担心我会被冻死,所以他俩轮流让我睡在他们自己的肚子上。这句话给了我很大的安慰。"

在口述采访中,她的母亲安完哲对自己的长女表达了歉意:"我最放心不下的就是你了。在家里最困难的时候,你作为家里的长女,为家里承受了很多。"

但完全填补她的"空虚"的,是另一件事。当然这件事不是顺其自然发生的,而是在付出巨大努力后才得以实现的。三十出头时,她接受了天主教洗礼,开始走向信仰之路。大概有一年时间,她每天清晨都去参加弥撒,并进行长时间的冥想。她反复问自己:"我应该怎样活着?""终极目标是什么?"她参加了唱诗班,并在主日学校当老师,还在"圣文森特·德·保罗协会"(Society of St. Vincent de Paul)尽其所能。圣文森特·德·保罗因帮助穷人、老人、病人而终成圣者。

但是有一天,她产生了一个疑问:"这就足

够了吗？"在当前的社会结构下，穷人越来越多，光靠志愿活动和照料，到底可不可行？在冥思苦想中，她开始参加社会活动，但没有停止冥想和追求。她无法停止对"终极目标是什么"的追求。终于，她找到了自己的答案。

> 我的人生发生了飞跃，此后的人生方向也变得明确了。现在问题是，如何在具体的现场中，保持智慧，在兼顾社会活动、选择清贫的同时，实现终极目标。此外，我的人生再没有其他长期有意思的事情了。

以非同情的态度，赋贫困予温暖的尊重

三十三岁那年，她找到了自己的信仰，这也造就了她人生的关键转折。她将此前的整个人生称为"缓期"的人生，但对未来的自己充满信心。

我十分关注这个问题，关注这份执拗的

"追求"。在探究的过程中，她同样找到了自己的精神归宿。这个事件的真实就在于她需要这件事发生。自幼就渴望克己的一个女性，克服了以往消极的克己，走向了积极的追求，并有所发现，这一点很重要。这是作为形式的一个事件。摆在她眼前的是"作为选择的贫困"。此时的贫困有两个出发点，其一是以帮扶穷人为核心的教义实践，其二是向再生产/生产贫困和歧视的社会结构发起抵抗活动。

将信仰与自己内心的欲望结合起来，这就是她的追求。长期以来，她战胜了空虚和自我分裂，坚持抵抗，没有畏惧陌生的道路。每一次人生转折，她都有所追求，现在构成她生活形式和内容的，也仍然是这份追求。或许三十三岁以后，她的追求就是在保持这份空虚的前提下，加快抵抗的脚步。因为有些声音只有记住辛酸的味道，才能听到。

此外，她还边哭边抚摸着"当年那个痛苦的小孩"，对她说："当时你很不容易！"就

这样，她慢慢填补了自己的空虚。口述的重要性就在于此。口述中，讲述者的声音、记录者的耳朵和手在进行一场特殊的配合。这个故事只有通过"共同"配合才能完成。她的口述集《天堂与地狱的距离有那么远吗》和《绝处逢生》让我们看到，共同身处的那个地点、共同度过的那些时间，会让空虚变成尊严。

2009年开始从事照料老人的工作以来，崔贤淑的人生座右铭是"做得好的话，贫穷也许可以成为美好人生的重要条件、最稳妥的存在方式"。在资本主义社会中，贫穷始终是最具争议的话题和政治议题。贫穷是否是最稳妥的存在方式，仁者见仁智者见智。但是我们很难质疑"以需求为中心的自给自立和合作"是实现美好人生的两个重要条件。在此基础之上，如果那些明白要给老人以尊重而非同情的人能够通力合作，老年完全没必要成为恐惧的对象。绝处逢生，我和她一起在这个希望的道路上期待温暖的尊重。

© 洪惠美

3. 波澜起伏的芸芸众生:"我始终是我人生的主人公"

——写自传的女人，崔英善的故事

我人生的主人公始终是"我"。

用她自己的这句话来形容她再合适不过了。入职第一个工作单位"学园社"以来，她始终是一位职业女性，但一生都没有自己写过简历。这从另一方面说明她在职场中一直备受青睐。之所以能够达到这个境界，是因为她始终怀着"我随时都可以离开这里"的轻松心态。

谈及过往，她小巧的脸上流露出宝石般坚毅的自信。虽已七十八岁高龄，但她的自信丝毫没有褪色。深受周围人爱戴和信任的女人崔英善，现在她仍然不需要用简历来证明自己。无论是去帮助别人，还是得到别人的帮助，她始终没有忘记自己才是人生的主人公，因为有了这份自我意识，她也从来没有放弃过对周围世界的关注。

　　我有幸在她身边观察了一年多的时间。虽然她已是年近八十高龄的"奶奶"，但仍然保持着富有个性的穿戴，并散发出跨越年龄的爽朗和朝气。我被她的这股魅力深深吸引。她的着装风格和典型的老年人不太一样，比如，穿很久以前在街边花一万韩元买的鞋子时，会搭配上朋友旅游归来时买来送给她的各式各样的手链或从朋友那里弄来的花纹棉衬衫。她吸引我的注意并不是因为她的着装透露着经济上的富足，而是因为她那股把自己当成主人公并努力使自己心情愉悦的打扮风格，让我对她那股朝气的前世今生产生了好奇心。当然，除了穿着打扮，她的朝气还体现在待人接物和一些日

常见解上。这位身材娇小的"奶奶"在她的自信之巢里过得安逸且不失爽朗,在我看来,她的样子既舒服又美丽。听了她的过往人生经历,我慢慢体会出这位年长我二十岁的老人及其同龄人所普遍拥有的心胸和"浪漫"。

曾经,工作单位就是生活的共同体

虽然已退休多年,但接受我采访时,她最先提到的就是她的职场经验和作为女性的自我认知。她告诉我,过于沉重或认真"不是我的风格",所以她始终以轻松的身心状态面对工作,对她而言,工作就是人生的意义、热情的源泉。

每次和她沟通,我总能感受到她身上的热情和爽朗,她的热情没有丝毫过度或沉重之感。我在想,是不是她的这种态度使她在近八十岁高龄的时候,还能保持自信的目光和不知疲倦的步伐?她认为过去自己很努力工作，职场是充满热情和自由的舞台，而一同工作的同事是可以彼此分享真心和理想的朋友、同志。

我感觉现在的人不再对工作和同事怀有过去那种纯粹的心和义气。现在蔓延着一股"你死我活"的氛围，但对我来说，工作单位始终是一个共同体。

我们现在身处一个工作和生活的关系变得并不融洽的社会中。放弃恋爱、结婚、生小孩、买房、工作、人际关系乃至梦想的"七抛一代"告诉我们，通过劳动获得经济能力渐渐从人人可得的事情变成少数人的特权。而且就算找到了工作，这份工作也很有可能成为阻碍自我实现而非促进自我实现的因素，这是因为在无限竞争的环境中，高强度的工作使人自发或被迫延长工作时间，进而导致工作加速"殖民"人们的私生活。工作要求人们投入更多的

自我，因此工作和生活之间的界限变得模糊不清。

有一部分人希望尽可能明确工作和生活的界限，将工作控制在能够承受的范围之内。[1] 另一部分人则选择尽量在工作单位解决吃饭、洗漱、运动、休息的"生活"部分，自发地牺牲个人的私生活。后者的情况主要常见于金融、信息、媒体等专业领域的从业人员身上，这些领域是全球市场的前沿推动者，它们强调的是"以能力为本的成就主义"。这群人身处不受传统上下级或组织观念制约的企业文化中，虽然工作辛苦，但在发挥个人特长和能力的过程中，能感受挑战带来的快乐，并自发地

---

[1] "经层层选拔入职的新员工选择离职的原因是？"，《韩国日报》2007年7月4日；"我从我热爱的三星离职的原因：三星物产新员工的辞职信……没有变化的组织，工薪阶层吐露遗憾"，*Money Today* 2007年5月31日；文熙英，《三十至三十九岁女性通过被市场包容和排斥的经验重建主体性的研究：以"有能力"和"没能力"的经验为中心》，梨花女子大学研究生院女性学系硕士学位论文，2009。

延长工作时间。① 可是从殖民个人私生活的角度而言,我们不得不质疑这种"自发性",因为这与过去工作单位即共同体的时代——工作和生活既可以相互独立,又可以积极地相互渗透的时代——差距实在是太大了。

现实条件本身发生了巨大的变化,因此并不是崔英善所说的人们失去了"纯粹的心和义气",而是能够维持"纯粹的心和义气"的劳动环境发生了变化,换句话说,是"纯粹的心和义气"的内容本身发生了变化。不同的工作地点和工作内容所形成的同事关系是不一样的,比如,工作的专业程度越高,同事之间的关系也就不仅是竞争关系,彼此间还能进行平等的沟通,在生活方式上也会有更亲密的互动。但是整体而言,在冰冷的新自由主义的能力竞争中,有多少人能够免于不断侵蚀灵魂的

---

① Bunting Madeleine, *Willing Slaves*: *How the Overwork Culture is Ruling Our lives*, Haper Collins Publishers, 2005; Arlie Russell Hochschild, *The Commercialization of Intimate Life*, Berkeley: University of California Press, 2003.

"无能"带来的不安？[1]虽然也有一些人放弃冷酷至极的竞争，选择能够协调生活和工作的职场环境，但工作单位堪称"纯粹的心和义气"的共同体的情况确实越来越少了。

在韩国社会，"义气"一词本身就有很强的男性间的团结之意，而且认为它与以能力为主的竞争社会不相符，是过时的残留。2014年有一段时间，在网站和广告上，"大叔"演员金宝城的那句"义气"之所以能够引起众人关注，也是出于这个原因。人们对已经变得不再可能的"我无条件支持你"的信念产生了怀旧情绪，因此流行一时。

但是对七十多岁的崔英善而言，过去职场中的"义气"既是证明工作单位"共同体性"的重要因素，也是一个符号。无论是她参与工作的五十年前还是现在，工作单位能成为一个

---

[1] 吕明熙，《对"使劳动人性化"的女性主义研究：以工作和生活的平衡（work-life balance）为中心》，梨花女子大学研究生院女性学系硕士学位论文，2008.

共同体，多数也只是针对男性，因为对大多数女性而言，不论是否出于女性的本意，家庭才是她们生活的根据地和工作阵地。

这样一来，我们不得不说崔英善是个幸运儿，因为她始终能把工作单位当成一个共同体。之所以能有这样的想法，也有可能是因为她从事的是图书或杂志的出版工作。后面我会再具体分析，对她而言，通过工作为他人付出，并由此获得意义，是比获得报酬更重要的人生推动力。正因如此，我们才要重新审视当前个人的幸福和身份认同都与有偿劳动紧密挂钩的"工作"。①

以有偿劳动为中心的劳动价值体系与以消费为中心的身份认同密切相关。现代人的生活也许是由一边的强制有偿劳动和另一边的被动消费组成的跷跷板。安德列·高兹（André Gorz）指出，强制劳动和被动消费一

---

① 乔安娜·席拉（Joanne B. Ciulla），*The working life: the promise and betrayal of modern work*，安在辰译，《发现工作》，Dawoo，2005［韩译本］.

ⓒ洪惠美

样,"分子化的人类"在工作和消费中,都无法获得舒适的生活。在新自由主义体系中,社会越来越倾向于仅从消费能力的角度评价人的主体性,这种情况下,高兹的观点可谓越来越真实。"奶奶"崔英善之所以能够保持爽朗的气质,是因为在工作和消费方面,她始终都在进行积极的"自我"实践,而非被动地接受。

　　年轻时的崔英善经常捧着弗朗索瓦丝·萨冈(Francoise Sagan)的书,还尝试过写小说。她在第一个工作单位学园社当了七年的记者。二十六岁结婚后,七年间生了三个孩子,专心养育孩子又整整花了七年时间。四十岁时,已不再年轻的她回到进学社,继续从事记者的工作。

进学社是过去学园社的老同事离职后成立的杂志社。当时如果有员工离职,学园社的董事长金益达会为离职员工成立杂志社提供资金或给买房子,进学社就是靠金董事长的资助建立起来的。员工选择在合适的时机自立门户或离职时,金董事长给他们提供的起步资金是一种"离职金",但与现在根据劳动合同的规定支付的"冰冷的"离职金[1]不同,更像是出于祝福和善意给出的"温暖的"自立门户的资金。

我虽然不太了解当时的物价、房价、新成

---

[1] 译注:按照韩国劳动相关法律规定,员工离职时,工作单位要提供离职金,假设在一个单位工作N年,就可以领取相当于N个月工资的离职金。

立一家杂志社需要多少费用，但是从"为离职员工成立杂志社提供资金或给买房子"的举动可以看出，金董事长的经营理念认为公司的财富归共同体成员共同所有，而非公司老板个人所有。

崔英善说，学园社的董事长是一位"罕见且人品优秀"的人，但是向员工提供"自立门户的资金"，仅靠个人出众的人格就能做到吗？当然，在2016年5月9日举行的金益达董事长诞辰一百周年纪念座谈会上，人们也众口称颂金董事长作为出版人、作为奖学财团设立者的远见卓识和为社会做出的突出贡献。①

---

① 他创刊多个杂志，其中包括针对少男少女的《学园》（1952）、针对女性的《女苑》（1955）和《主妇生活》（1965）、针对农民的《农园》（1965）等，他还发行了报纸《读书新闻》（1969），并于1952年成立了"学园奖学会"，目前已经改名为"学园麦粒奖学财团"。学园奖学会至今共培养了852名获得奖学金的学生。特别是在战后条件下，《学园》杂志为了唤醒少男少女的文学想象力，进而支持他们通过写作"探索和构建自我"，对整个韩国文学产生了不可忽视的影响。20世纪50—60年代在《学园》发表文章的少男少女中，有相当一部分后来从事文学工作（http://www.yonhapnews.co.kr/bulletin/2016/05/09/0200000000AKR20160509136000005.HTML）。

无论是在工作方面，还是在生活方面，崔英善与金董事长都有过很多接触，在她的记忆中，董事长充满创意和热情，还特别体贴员工。即便是在当时，也并非所有的职场环境都如此。在崔英善的记忆中，金董事长之所以能够成为"特别且优秀"的人，是因为当时职场的特点、对工作的热爱、同事之间的关系、社会道德、文化都与现在截然不同。对她来说，后来在老同事创办的进学社工作的七年时间，和在学园社工作的七年一样，大家共同"用热情筑起了共同体"。从她那自豪的表情和声音中，我感受着那份"别样"的风土。

眼下，工作中的社会关系日渐消失，人们工作的目的也与内心的追求或提升无关，变成了表面上的成功，此时工作单位与共同体的距离也就越来越远，沦为"无礼的劳动空间"。但是崔英善对工作/工作单位的记忆告诉我们过去的劳动空间是什么样子。在那里，下级对上级心服口服，同事之间彼此信任，共同迎接

挑战，联结他们的纽带是一种非正式的合作的力量。① 坐在我对面的崔英善向我证明，那个空间既孕育出了个人的梦想和故事，也孕育出了集体的梦想和故事。据崔英善回忆，五十多年前，整个韩国社会都比现在更具有共同体的面貌。"对我来说，工作单位始终是一个共同体。"她的这句话既浓缩地表现出了她自己的个人经验，也说明过去是社会成员之间的信任、"共同协作"的精神和实践更为浓厚的时代。

在进学社工作七年左右后，崔英善再次和"人品优秀的董事长"相遇。当时，金董事长已经把学园社和《主妇生活》杂志交给子女打理，自己过着平静的生活，但对出版的热情和创意犹在。

崔英善由此策划的第一本书是《名医

---

① 理查德·桑内特（Richard Sennett），*Together: the Rituals, Pleasures, and Politics of Cooperation*，《在一起》，金炳华译，玄岩社，2013［韩译本］.

三百三十三人》(1981)。崔英善不惧跑现场,亲自到大学附属医院向相关科室的负责人说明出版意向,并在六个月内成功收到医生们的稿件,把不甘退休的金董事长心中的构想变成了现实。这一出版物后来成为生活信息领域重要的信息源,为韩国医疗知识的大众化奠定了重要基础。①

"我感到非常有成就感!"她会心一笑,声音十分坚定。

再次见到董事长时,他问我的第一句话是:"现在过得怎么样?"我回答说:"就像体力劳动者每天刨地赚取收入一样,我每天以脑力劳动度日。"我的确是那样生活的,而且对自己也没有什么不满或担忧。我靠脑力劳动生活,而且过

---

① 《您随便问》是1983年10月开播以来播放至今的节目。崔英善与金董事长一起完成的《名医三百三十三人》是该节目主要参考、引用的医学领域的书籍。

得还不错。当我需要帮助的时候，就会有人来帮我，当别人需要我帮助的时候，我也毫不吝啬地帮助了他们。

她品性仁德，不，更确切地说，她在不断播撒和栽培着仁德的种子，对她来说，人类是必须互相帮助的物种，否则就会陷入自我痛苦。就算自己吃点亏，只要别人得到帮助后能高兴起来，她就尽量接受别人的意见、满足别人的要求，她的这种态度保持至今。可以说，她主动将仁德融入了自己的人品。她之所以会有这种价值观，是因为她的母亲为人宽厚。每次帮助别人时，母亲都会说："我帮助别人，以后我的女儿会有好报。"从小耳濡目染的崔英善也自然而然地认为，人们互相帮助终究会形成一张巨大的互惠网。正因为这种想法，即便她客观上算不上富有，但她仍觉得自己是个"富人"。

没有永远的依附,没有绝对的孤岛

即使是在生活艰难的时候,崔英善由内而外的自信和"我人生的主人公就是我"的想法都没有发生动摇。在无法预知情况何时才会好转的艰难期,她也没有觉得"有缺憾"。

结婚没几年,过了三十岁中旬,她就成了需要独自抚养三个子女的单亲母亲。当时每天都过得很艰难,除了上班领工资之外,为了补贴家用,她还给某女性杂志定期写"手记"。当时女性杂志很流行用手记的方式吸引读者,刚好有一位前辈是那家女性杂志的主编,所以她有幸将自己"创作"的类似小说的手记发表在那里。通过阅读萨冈作品培养起来的小说家的感觉成为她谋生的基础。她有很强的"劳动者"的身份认同,对她来说,工作不仅是谋生的手段,也是支撑"自我"的力量,而这份工作在社会上的地位并不重要。她虽然没有出道当小说家,但是她也在"有关女性的、女性创

作的小说"方面下了不少功夫，也写出了不少作品。

当时的生活确实艰难，但对自尊心极强的她来说，完全无法想象自己向别人"诉苦"的样子。比如，每当有人问她有几个孩子，她总是回答有两个孩子。如果说有三个孩子，对方可能会觉得有负担或有别的不舒服的感觉，也有可能因此产生不必要的偏见，而她不喜欢这种感觉。无论身处怎样的生活条件，崔英善天生喜欢自由，也有信心一直自由地生活下去。

在20世纪60年代的韩国，父权制文化的影响力要比现在强得多，就在那个时候，她成了要独自抚养三个孩子的单身女性。在此后的二十年间，她收到多位男性的求婚，每次她都回复对方："我有三个孩子，你和我结婚的话，就要养活我和我的三个孩子，如果你做得到，我就做你的奴隶。"她已经看透了父权制社会中，感情和婚姻的基础是相互矛盾和冲突的男性气质，面对她的这句嘲讽式的回答，所有男性都灰溜溜地离开了。"那种男人爱慕的眼神，对我来说真的没有任何意义。"

她就是这么清澈果决。对她来说，有意义的男人要像学园社的董事长或香邻教会的洪根洙牧师①那样，有志于社会正义、勇于牺牲自己、充满热情。她与学园社的董事长长期一起工作，并在董事长最后的人生阶段给予了照料。董事长当年为贫寒子弟设立了奖学金，还积极参与了维护弱势群体的工会运动。

在他们身上，崔英善看到了富有责任感的社会之"父"应该是什么样子。她不但尊重和信任他们，并满怀热情地和他们一起工作。在他们晚年病重的时候，她还亲自照料他们的饮食。"我真是没少照顾男人。"她为自己没有选择那些虽然爱慕她但无力保护她的男人，而去选择和那些为保护社会孤军奋战的男人一起工作、互相帮助感到骄傲。

例如，洪根洙牧师因过去的狱中生活，后

---

① 译注：香邻教会成立于 1953 年，洪根洙是该教会第二代牧师。

来饱受帕金森症困扰，此时就是她负责给他送饭送菜。这件事对她来说，无疑是社会活动。他们也很珍惜和她"共同"度过的时间，必要时，也不忘记向她表达正式的谢意。学园社董事长离世前的最后三个月，负责照顾他的也是崔英善。董事长的儿媳们提出要照顾他，但是董事长本人希望能由长期共同工作的友人照顾日渐衰老的自己，而不希望把自己交给儿媳这一通过婚姻制度建立起来的关系。

对我来说，那三个月也很特别。我亲身体验了和一位身处生死之界的人以信任和礼貌的方式告别是什么感觉。去世前几天，他把我叫到酒店的咖啡馆。当时他西装革履，显得很庄重。他非常正式地对我说，感谢我对他的友情和照顾。他并没有说太多，只是给我留下了几句遗言："就算情况再艰难，也不要卖房子，就算租出去，也不能卖房子。非常感谢你,如果死后有在天之灵,我会守护你。我的葬礼,你就不要来参加了,但是如果将来能来我的坟前看看我,我会很感激。"

我问她:"他为什么不让您参加葬礼?"她回答说:"我这个人情绪容易激动。"我不清楚她的这份激动会在葬礼上以什么样的情感表露出来,但总之她按照他的嘱托,没有去参加葬礼,而且从那以后就开始有了信仰。举头的神明和现世的人都是可以依靠的,她有这个自信。

"少数人选择的人生才能成为
映射多数人人生的镜子"

自由对崔英善保持热情十分重要,而这种自由的基础是自发性和彼此认同。在儿媳嫁给儿子的时候,她发现自发的彼此认同对自己追求自由的态度和行为有多么重要。此前是她和

儿子、小女儿三个人生活。儿媳进入这个家庭之初,她无法适应"四"这个数字,饭桌要摆四副碗筷,咖啡杯也要买四个,她对这一切都不习惯。有一天,她去釜山的堂姐那里吐露了这种有异物嵌入生活的感觉。

听了妹妹的烦恼,堂姐下的结论十分明确:婆婆和儿媳之间是不可否认的他者关系。"对儿媳而言,就算婆婆是天使,还是会觉得婆婆的存在本身就是痛苦的。当时,我一下子就明白了。更何况我根本不是什么天使,所以儿媳和我一起生活,该有多么痛苦。"从堂姐家回来后,她参考了周围早她一步成为婆婆的朋友们的意见,拟定了"十条戒律"。她希望通过这个方法,"拯救自己,也拯救儿媳"。事情已经过去许久,有些内容她已经记不起来了,但还清晰记得其中的六条戒律:

① 你是我的儿媳,不是我的女儿(我有我的女儿,你也有自己的母亲,我

们俩是婆媳关系）。

②我不会打开冰箱（我不会干涉你如何操持家务；吃饭的问题，我想接受你的服务）。

③我和智英（小女儿）的衣服，我自己洗。

④我们各自保持自由（你有你的自由，我有我的自由，你不必因为我提前回家）。

⑤不必为对方庆生（春节或圣诞，可以一起度过愉快的家庭时光，但不想让你为我的生日费心）。

⑥不要互送衣服（每个人穿衣都有自己的喜好，如果送的衣服对方不满意，该有多难堪）。

通过十条戒律，她和儿媳虽然没有完全摆脱婆媳间互为"异物"的关系，但"四个人"还是比较相安无事地一起生活了十年。不过后

来的一个契机让她明白,这份"相安无事"并非"拯救",家庭是个需要不断重新解读且不能放松警惕的结构!此后,她不再和儿子儿媳一起生活。

1990年8月15日,崔英善结束了她一生所有正式、非正式的工作,彻底退休了。她清晰地记得自己"最后一次下班的那天"。当时,她每个月给儿媳二十万韩元的生活费,和儿子儿媳生活在一起,小女儿早就搬出去住了。那天回家后,她告诉儿媳:"今天我退休了。"没想到儿媳脱口而出的是:"白天我陪不了妈妈。"儿媳本人也被自己的这句话吓到了,立刻面露难色。崔英善没说任何话,回了自己的房间,那一瞬间,她脑子里的想法是:"那我得去佛塔公园①了吗?"

作为脑力劳动者,她这一辈子都自由地生活、工作、养孩子,碰到需要帮助的人,就毫无保留地给予帮助。正因如此,她万万没想到

---

① 译注:亦称塔谷公园,位于首尔市钟路区。

儿媳会是这么一个反应。她很难接受自己和儿子、儿媳能够在"十条戒律"下共同生活的前提是白天她不在家。心怀失落的她几天后对下班回家的儿子袒露了心扉。

我告诉儿子有话跟他讲。我告诉他，我三天前退休了。儿子立刻站起来，说："妈妈，您辛苦了，以后就好好休息吧。"儿子的这句话解放了我。"我养的儿子没有背叛我，儿子还是认可我的。看来我那么努力工作，就是为了儿子的这句话。"这种感觉瞬间浸润了我的整个内心，让我觉得既舒服又欣慰。儿媳在厨房那边焦虑地切着水果、沏着茶，担心我把她说的话讲给儿子。但我始终没跟儿子说那些，这倒不是因为我担心儿媳难堪，我是不想儿子伤心。不管怎样，终究儿媳还是帮我整理了心绪，让我面对退休后的生活。

她的儿子上大学时，有一次参加学校的演出，为了让母亲在跳桑巴舞的人群中认出自己，他故意摔倒在舞台上；找工作面试时，他对面试官说："我在世界上最尊敬的人是我的母亲，她非常了不起。"儿子觉得她年近四十成了单亲母亲独自抚养三个子女，虽然艰难，但没有失去爽朗的气质，非常不容易。

如果知道自己的妻子说了如此伤害母亲的话，儿子可能很难原谅儿媳。她庆幸自己的"退休仪式"有了一个好的结果，没有让儿子为难。她还对儿子讲了自己的决定，就是和小女儿一起生活。她说，因为过去忙于工作，一直没能好好照顾小女儿，希望今后和小女儿生活，并嘱咐儿子不必担心，即便是面对死亡，母亲也抱着自由的心态。

这场特殊的退休仪式的故事长久地在我脑海中徘徊。儿媳的反应可能会让人觉得有些唐突，但也从另一方面说明，在当前的韩国社会，虽然她们婆媳间有开明的十条戒律的约定，但两代人在一起生活已经变得非常困难。

现代的核心家庭模式进入韩国社会以来，核心家庭虽然已经成为普遍的共识，但实际上韩国社会一直维持着母系扩大家庭的形态。在"社会养育"一词还比较生疏的时代，即国家和企业完全没有介入育儿的漫长的时间里，职场女性之所以能够兼顾工作和生养孩子，就是因为母亲们成了她们坚强的后盾。当然也有婆婆帮忙照看孩子的个例，但大多数情况下还是女方的母亲照料已婚女儿的子女。

而婆媳之间没有这种经济上和情感上的明确纽带，所以婆媳二十四小时在一个屋檐下生活，实在是不符合以浪漫爱情为基础的核心家庭模式。也许可以说，理想的家庭模式与现实的妥协只能发生在母女这一特殊的关系中。在没有任何心理准备的情况下，有一天婆婆下班回家后宣布"明天开始我不上班了"，儿媳听了这句话感到吃惊也不奇怪。同时，儿媳能在

不知不觉间说出"白天我陪不了妈妈",也说明平时婆媳之间形成了"有共识"的同居模式。

在老年期日渐延长的情况下,完全不考虑儿媳的立场,仅从孝道的角度出发,要求儿媳二十四小时与公婆待在一起,这很有可能对儿媳是十分残忍的。就算对公婆而言,得到的也可能是不幸而非幸福(想想崔英善提到的"异物"!)。老年人能做的事,能去的地方,能获得喜悦和快乐的活动,能保障最低尊严的衣食住……这些议题不应以尽孝的名义,抛给家庭成员,而需要国家、地方政府等市民社会共同思考,并寻找解决方法。如果老年人幸福的日常生活不能成为公共议题,那留在我们脑海中的也只能是恐怖的"佛塔公园"或"捡废纸的老人"悲惨沉重的形象。

崔英善见到儿媳的反应后,立刻想起了佛塔公园,这充分表明目前韩国社会在应对老年问题方面是多么不成熟。"那我得去佛塔公园了吗?"这句话简直就是舞台剧的台词,十分准确犀利地指出了目前韩国社会的"老年风景",像黑色幽默一样引人发笑。

我一边听她讲,一边心想:"那你的意思是佛塔公园是老年人爱去的地方?"多数人可能没有去过那里,但因为社会上蔓延着各种传言——"作风混乱""醉酒""宝佳适大婶"①……的集散地,所以在人们的无意识/意识当中,佛塔公园就成了最想回避的地方。当然,也有一些人类学研究认为佛塔公园是"老年人同龄文化"和"地下'红灯区'"的集散地,②但在普通人的无意识/意识当中,那里是一个不堪想象且悲惨的老年生活的消极能指(signifiant)。

去佛塔公园的几乎都是老年男性,但崔英善在听了儿媳出乎意料的回答后,即刻想起了佛塔公园,因此不得不说人们对它的认识堪

---

① 译注:宝佳适大婶指的是以卖宝佳适功能饮料为名,以年长男性为目标,在街边进行搭讪的特殊行业的工作者。
② 郑真雄,《老年的文化人类学》(尤其是第五章"作为身份认同的身体:宗庙公园老年男性'身体文化'的意义"),Hanul,2012.

称一种症候。最终，在不伤害他人也不伤害自己的情况下，她的明智选择给自己和儿媳都带来了"解放"（恰巧那天是8月15日，"二战"时韩国获得解放的日子）。但当时假如她没有一个独自生活的女儿，会是怎样的情况？我认为国家有责任对这个问题给出多元的答案，但遗憾的是，仅就这个问题而言，我们生活在过于贫瘠的国家。

现在她和已经年过四十中旬的小女儿一起住在弘恩洞的一间二十四坪的房子里。① 二十四坪的房子足够母女俩在生活中各自保持独立。女儿在一家广告公司上班，收入还不错。现在母女俩成了合拍的伴侣，相处时争取做到互相尊重、讲礼貌、遵守约定。她们早上分开后，晚上七点在饭桌上重聚，如果有其他安排，必须提前通知对方。多数情况下，是母

---

① 译注：弘恩洞位于首尔市西大门区。一坪约为3.3057平方米，韩国人在日常生活中主要用坪来计算建筑物的面积。这里的"现在"指的是我对她进行采访的2014年。本书出版时（2017年），她已独自一人生活，其间她的小女儿已成家。

亲准备晚餐，两人边吃边聊当天发生的事。她俩都对电视不感兴趣，晚饭后，分别找自己觉得舒服的区域，各自捧着一本书。

这也许是十分平常且舒服的日常一幕。她偶尔会应邀给别人写自传，以此获得一些收入，但多数情况下，她通常用小女儿给的八十万韩元的生活费准备简单的伙食，也经常和老同学一起见面喝茶、看展览，社交生活也维持得很好。偶尔她外出旅行的话，其他子女也会给她补贴一些旅行经费。

崔英善告诉小女儿不必非得结婚。她有三个子女，其中两个已经结婚生子，所以觉得剩下的一个就算不结婚，自由自在地过一生也未尝不可。虽说大多数人都认为结婚生子理所当然，但她觉得少数人选择的生活方式也很有意义，并值得珍视。更准确地说，她觉得少数人选择的人生才能成为映射多数人人生的镜子。作为人生的先行者，她讲给小女儿的话简单明了："不要选择不如自己的男人，并因此牺牲

自己。"

过去十几年间，我常听周围三四十岁的女性说："但凡有点常识就行，可就是碰不到，所以没有男朋友。"性格独立、才华横溢、工作能力出众的单身女性多数会在大学时碰到的单身女教授身上看到自己未来的样子。就算没有伴侣，也不会觉得有什么缺憾，自己一个人也能或正因为是自己一个人才能很好地经营生活。

我关注崔英善和她的小女儿以"常识"为前提构建的令她们满意的同居伴侣关系。研究老年问题以来，我碰到了不少希望将来和母亲一起生活的三十几岁的单身女性。这并非因为和母亲的血缘关系，而是她们认为母亲是人生的前辈，因此不会有任何嫉妒或竞争心理，还会包容和理解自己，因此最适合一起生活。不是只有年老的母亲希望和没有结婚的女儿生活，没有结婚的女儿也希望和母亲生活，这一点是打破现有观念的实验性的想法。崔英善退休后认真考虑今后应该和谁生活时，刚好有一个没有结婚的小女儿，而女儿也十分乐意和母亲一起生活，在这一点上，崔英善是个"有福气"的女性。

老龄化成为全球性趋势后，那些选择不婚的女儿（主要是小女儿）负责照料高龄父母的情况正在增加。简单地说，这是异性恋中心的婚姻制度和日渐弱化的国家福利导致的结果，但同时也反映出母女关系更容易"用常识性的方式自由"协调。

目前很少听说未婚的女儿把父亲纳入"同居伴侣"的候选人。如果希望与年老的父亲一起生活成为"有常识且自由的"选择（在现实中而非小说里），我们就需要对性别政治进行更细致入微、更全面深入的思考，并使之融入日常生活。今后老年人和年轻人之间会出现怎样的同居关系？这是一个值得关注且很让人感兴趣的话题。

每个人都无法避免这波澜起伏的一生。

过去，只要有人需要她的照料，她都毫不犹豫地给予照料，现在她也到了接受小女儿照料的时候。因女儿的劝说，她前不久去医院拍了核磁共振。此前，她的身体一直很好，只是右臂有些疼痛，所以会定期去针灸。因为相信自己的身体，所以她开始还不愿意听女儿的话。但是女儿碰到不少四五十岁的同事突然病倒，所以坚持要她拍一次核磁共振，强调是为了预防。

　　当她的身体被推入核磁共振仪时，她的眼泪止不住地往外流。医生问："这个也不疼，您怎么还哭了？"她除了"就是莫名地难过"，不知该回答什么。她当时是什么感觉呢？是不是觉得"以后我就要这样依赖子女了"？

　　　　可能是吧。拍核磁共振的时候，我看到自己最脆弱的样子。可能是因为想到以后要依赖子女，所以悲从中来。至今我都是按照自己的意愿生活的，但以后也许就要服从于女儿……没错,就是第一次服从导致的伤感!

但是第一次服从的悲伤过后,崔英善的生活较之前并没有发生什么变化,她还是照旧自由自在地生活着。她有几个已经相识五十五年的朋友,七十八岁的她之所以还能保持自由,很大程度上是因为有这几个朋友。这些朋友是她人生最好的证人,每当和朋友们见面,总是欢声笑语不断。只要能通过彼此确认自己的魅力,这份自由就会一直持续下去。白发日益增多、镜中的自己变得陌生、身体的灵活度大不如前,每当因这些变化和生活中要服从于子女感到有挫败感的时候,能让她保持"自我"(selfhood)的,[①] 就是这些朋友,更确切地说,是由朋友们构建的她的人生故事。

"朋友们现在还叫我崔小姐,哈哈哈。"崔

---

① Paul Ricoeur, *Zeit und Erzählung: Bd.3. Die erzählte Zeit*, München: Fink, 2007.

小姐的笑声中带有二十几岁女生般的娇嗔。最近她专注于写自己的自传。因为过去在出版社工作，她退休后也曾向那些写自传的人提供帮助或替人代写自传，但现在她想慢慢回顾一下自己的人生轨迹。

"第一次服从的悲伤"给她一直关注当下的人生增添了过去和未来的时间感觉。每当有朋友建议她"写你自己的故事吧""你自己的人生不也充满波澜起伏吗"的时候，她总是说所有的人生都是波澜起伏的。"正是波澜起伏让众生平等。"说这句话的时候，她的样子从无忧无虑的青春少女慢慢变成"垂垂老者"。因为喜欢笑，她眼角和嘴角的细纹比较多。她的脸收起微笑，慢慢陷入平静，那瘦小的身体里，荡漾起忽高忽低的波涛。

波澜起伏。年近四十成了单亲母亲，为了保持自尊，谎称有两个孩子，出版社的待遇和处境都不稳定的时候，她都一一坚持下来，一步步走向七十八岁的人生。她口中"波澜起伏"的平等观既显朴素又让人觉得高大。她身上吸引我的力量的源泉难道就是这波澜起伏的平等观？她现在之所以想写自传，并不是因为她认为自己的人生比别人更加波澜起伏，而是想给年近八十的自己一份特别的礼物。我觉得那会是很好的礼物。眼下不就有不少人向各个年龄段的人发出"为了更好地了解自己，写写自传吧"的建议吗！

但是在老年时期写自传是希望将自己的一生转换成故事的积极尝试。针对长久以来有关时间的哲学问题，以"故事"和结构给出答案的保罗·利科（Paul Ricoeur）认为，人生最终会/要成为故事。人类对时间的理解——过去、现在、未来等——基本上只能在故事中实现，作为异质的结合体和包含不和谐的和谐故事，在开篇、中间和结尾的整体性当中组织事件。我在本书的序中也提到，老年这一阶段是在人生的皱纹中所蕴含的故事最适合表达的时期。在故事中，过去的经验会融入现在，此外

即将来临的，或者可以说在整个人生中一直流淌着的死亡的时间会被提前纳入思考。

看着一天天增多的白发，我意识到自己不再年轻。换句话说，就是我认识到今后我的人生要在与死亡的关系中找到相应的位置，最终，死亡将是我的终极安身之处。

如果死亡是一切的终结，那我们活着的时候怎么可能想象死亡，与死亡进行平静的对话？至少对我来说是这样的，死亡不会让生命终结。

我对她的采访进入尾声，最后一次与她见面时，她对我说："我们每个人无疑都对某些人有着不可思议但又十分明确的意义。"在地球上生活七十八年间经历的波澜起伏给了她这份领悟。她的那句"我人生的主人公始终是'我'"和这份领悟一样耀眼。我想，就算到了生命的尽头，她也仍然会保持这份"自我"，吸引那些正在老去的后辈的眼球，就像当初吸引我那样。

最后让我们读一篇她为自己和朋友们写的一首诗（节选），这首诗表达出崔英善对用"波澜起伏"的平等观看待众人的参悟。

为了灿烂的老年

很久很久以前，
一个小孩通过一对年轻父母降临人世，
成为他们的小心肝。
在风雪中，在暴雨中，在阳光下，
在月光中，甚至在狂风中，
世间所有的声音，
对小孩而言，都是愉悦的摇篮曲。

小国城主般威风凛凛的年轻时的欢喜和

岁月的喜悦与悲伤，连同被眼泪浸湿的面包，
堆起一层层青苔，不断呼喊：
世间真美好，值得一活。

年过中旬的一天，站在老年的门槛上，
感恩自己双手空空，心无杂念。
树叶飘落，不只是树木的命运。
空旷的庭院中，
有不计其数的故事。

今天能再次感受太阳，
这是何等的祝福。
死亡和离别，近在咫尺，
近到我愿去紧紧拥抱。
……

© 尹靜恩

4. 走下舞台，"成为观众"
——懂得"褪去"的男人，金潭的故事

"啊……"痛苦的呻吟声透过窗户纸传来，桥梁谷的产婆和二太太已经嘀咕了半个多时辰了。这是腊月的凌晨，只有不断添柴的外屋还有些热气，别处都已天寒地冻。大太太也一宿没睡，坐在里屋渐渐冰凉的炕上，双手使劲攥着一只立着的膝盖。

"小张，快去接盆热水！"

外屋的门一开，二太太匆忙间对小张说了一句，然后又把门关上了。此时小张还在饲料间眯瞪着双眼，直到产婆

让他端来一盆热气腾腾的水和一瓢凉水，他才重新提起精神。

"混账东西，这是要烫死人啊！"

"哎呀，小香，你受苦了！"

"孩子真结实！"

"小张！告诉大太太是个儿子！"

产婆和二太太你一言我一语，小张把一瓢凉水递给她俩，回身径直走到里屋的院子喊了一句"生了个儿子！"，然后等大太太的回音。

"给里屋添点柴，然后去光柱家请老爷回来。"

小张顾不上回答，急忙点上火，给灶孔加了一把柴，似乎这样也能驱赶自己身上的寒气。出了家门，他才意识到天已经亮了。小香的身体就像是被腌了的咸菜，浑身是汗。她费力地侧身，把自己的乳头塞进这个小生命的嘴巴里，努力睁开双眼盯着这个小肉团。整个产

痛期间，她并没有昏厥，但隐约觉得自己到死神那里走了一遭，好在这感觉渐渐淡了。此时传来了老爷的咳嗽声、二太太在里屋厨房来回奔走的脚步声、库房旁小张的劈柴声。一滴眼泪滑下来落在洁白的枕巾上。[①]

不论贫穷抑或富有，始终怀着顺其自然的心态，本就一无所有，也无所谓要坚守

金潭的小说《小香传》从2013年6月17日至2016年7月18日连载于网络杂志《兴起》。《兴起》的读者完全没有想到主人公小香如此哀婉凄惨的故事出自一位男作者，更没想到他过去还在美国建筑行业经商近三十年，近期才回到韩国。我从《兴起》的工作人员那里得知是一个"男人"写出了这部充满乡土气息的小

[①] 金潭，"孩子出生那天"，连载小说《小香传》（2013）第一集。这是金潭发表在女性主义网络期刊《兴起》上的连载小说，讲述了生活在韩国近现代社会的小香"代人生子"的故事（http://www.ildaro.com/sub_read.html?uid=6372&section=sc8&section2= 창작）。

说，讲述了主人公小香曾"代人生子"的故事，就对这位作者产生了浓厚的兴趣（我对他的采访是在众多读者为小香的故事牵肠挂肚的2014年初冬时节）。

早些年金潭曾边读研究生，边在大川高中当教师。有一天，母校庆熙大学商科研究生院院长给他写了一封推荐信，让他去一趟庆南大学。虽然他平时和院长走得比较近，但也没对那封推荐信抱太大希望，可毕竟是长辈的心意，所以还是去了庆南大学，和那里的校长见了一面。同年3月，他被聘为专职讲师，那是1980年。两年后，他晋升为助理教授。当上助理教授后没多久，他写了一篇论文发表在校刊，后来还因此获得了赴美当交换教授的机会。之所以能获得这个机会，是因为当时的校长一贯认为"交换教授"的机会不应给那些需要休养的老教授，而应给那些未来可期的年轻教授。回忆起当时刚过而立之年就一片大好前程，他平淡地说："我当时运气相当好。"但他

毫不迟疑地放弃了这份难得的运气。

1980年在高中任教时，金潭的月工资是九万韩元，而到庆南大学后第一个月领到的工资高达一百三十万韩元，比过去多了十三倍。当上教授不满一年，他就以约五百五十万韩元的价格买下了一栋十五坪左右的房子。但为了赴美攻读学位，他放弃了这份高薪工作。以交换教授的身份旅美期间，他萌生出想要拿下博士学位的想法，但庆南大学提出无法长期为他停薪留职，所以他干脆决定辞职赴美学习。在旁人看来，他的此举简直"太疯狂了"，但他认为自己本来就是闻庆[①]乡下的穷小子，自己拥有的只是在村里仰头看见的那片天空，所以没有什么可留恋的。"对我来说，没有什么必不可少的东西。我本来就一无所有，所以也无所谓要坚守。"

并不是所有寒门子弟都会做出这样的选择。大多数出身贫寒的人往往在得到一些东西

[①] 译注：位于韩国庆尚北道。

后，会战战兢兢地守着它，放弃尝试新的挑战。他却辞去教授的工作，选择去了美国。此后，不论贫穷还是富有，他始终怀着顺其自然的心态。现在也是如此。用他自己的话来讲，他现在就是个"穷光蛋"，但丝毫不会感觉不安。他唯一的一个禁忌是"我不要借来的人生，不会举债生活"。

始于"疯狂"之举的求学之路并不顺利，他最终没能拿下学位。为了筹措学费和养家糊口，他不得不做各种兼职，包括在加油站打工。后来和一位在学校认识的美国白人朋友一起成立了公司。这次创业大获成功，学业也就搁浅了。他们的公司主要承接一些建筑项目，负责设计和建设的整个过程。公司业绩十分好，还接过美国军方和万豪酒店的大项目，还有麻省理工学院学生宿舍的项目。他和合伙人分工明确，对方负责设计和建筑，他主管经营。

当时他全心投入工作。对工作的热爱程度不是一星半点，而是"真的特别"热爱。他经

常引用哈维·麦凯（Harvey Mackay）的一句话"Do what you love, love what you do"（"做你所爱，爱你所做"），而他当时的生活就是这句话的现实版。因为他主要负责经营，所以肩上的担子不轻，但他觉得手里管着几十个人，"当老板的滋味也不错"。当周密计划后安排下去的事进展顺利时，他就会感到喜悦，而且可以自己安排工作和休息的时间，这也给了他很大的满足感。如果我们把权力理解成"可以自己决定如何使用和分配时间"的话，那他曾是一个相当有权力的人。

在美国生活期间，他最不缺的就是钱。"当时我想买什么就买什么，想做什么就做什么。"豪宅豪车、富足的生活、高尔夫和海外旅行，这些因老板身份而获得的东西的确给他带来了愉悦。但愉悦背后，他总是会想起在老家闻庆乡下仰望过的天空、村里的味道和颜色。两个女儿成年后决定回韩国生活，他也毫不留恋地辞去了建筑公司 CEO 的职务。

"吸引"人的男作者的写作本身的内在属性

就像当初离开时毫不迟疑,决定回国时,他也没有恋恋不舍。因为他在建筑方面颇有自己的见地,所以回韩国后,在和闻庆很相似的农村稳定下来,也没费太大的劲。作为曾经的职业经理人,他不但会制定大的蓝图,也懂得留意细节,而这些成为他创作《小香传》的重要基础。当然,他本身所具备的说话和写作方面的兴趣与能力也是他写下这个故事的重要支撑,但完成一部长篇连载小说,与他过去作为企业经营者积累下来的能力也不无关系。长期专注于一件事,往往就能从中获得巨大的力量,但这也只是部分原因。回到韩国后,促使他选择去农村定居的是他的人品和性格,他认为在闻庆农村度过的幼年期这些就已基本成形。

总之最吸引我的是，在美国颇有成就的企业家退休后回韩国写的小说以韩国近现代为背景，讲述了主人公小香"代人生子"的故事。一个品尝过成功的男人，每周如期写出的不是自传——将所有的人生阶段都当成走向终极成功的阶梯，也不是传授成功经验的自我成长类或自我领导力的书。

他做出的并不是一个简单的选择，不同于在自传、自我成长类书籍、小说、电视剧剧本等平行的类别中进行选择。他的选择与他写作的目的相关，即他为什么写作，通过写作，他想获得什么。这些都与作者的自我理解或身份认同有关，仅看写作意图是不够的，当中还包含一些必然因素。无论作者本人多么强调偶然性，还是很难消除写作本身的内在属性，所以我被这个男作者深深"吸引"。

在见到他本人前，我先看到了他那几乎被重建的房子。初冬的一天，淅淅沥沥地下着雨，我走进他家时，刚好家里没有人。我发现炕已经烧热，我躺在炕上温暖着我冰凉的身体，一股幸福感油然而生。我再次访问位于尚州①附近村庄的那栋房子时，他接连为我冲了好多杯咖啡，给我讲述了他自己的故事。他的故事在追求合理的启蒙的语言和故事达人的语言之间愉悦地震动着。

回到怀念的地方，
追寻"一个人的自由"

十三岁从闻庆小学毕业后，我来到首尔上中学，当时我日思夜想的就是农村老家的那个山谷。在闻庆度过的十二个春秋至今活在我心里，也许那就是我的品性。虽然在城里生活了多年，但周围的人都说我身上没有什么城市的气息。

幼年时在闻庆农村的记忆和乡巴佬的品

---

① 译注：位于韩国庆尚北道。

性，这两个心理、精神因素在他以职业经理人的身份在美国生活二十八年后都没有消失，并最终将他唤回尚州附近的农村。就是在那里，他见到了小香奶奶和她的朋友，听到了小香的故事。

当他在美国融入主流社会，过得风生水起的时候，他的妻子饱受语言不通之苦，她渴望和韩国人交流。后来她开始去当地韩国人宗教性聚会的场所，这种交流的渴望得到了一定的缓解，但终究还是不够。两个女儿为了学习母语，定期访问韩国，她们陆续在韩国找到了伴侣，并决定婚后与伴侣定居韩国。妻子也随即提出要回国。当时事业蒸蒸日上的他仍然"运气"很好，但他也觉得没有必要再延迟回国的时间。当初为了学习去了美国，没想到一晃就是二十八年。和当初决定赴美时一样，回国也没有任何犹豫。一切准备就绪后，最终于2010年"逆移民"返回了韩国。

问题出现在回国或者逆移民之后。他在盆

唐①这座大城市迷失了方向。他虽然具备国际水准的消费能力，但出了家门，就不知道自己该去哪里。和分别近三十年的朋友们见了面，也不知该聊些什么，加上年龄也摆在那里，所以找不到合适的工作。就这样过了三个月，其间小女儿结了婚，他也卸下了为人父的重担。

　　卸下家庭责任，摆脱了要事业有成的压力后，他终于可以轻装上阵，去寻找幼年时泥土的味道。他渴望回到塑造自己品格的幼年故地，他怀念在农村仰望过的天空、来自田间和泥土的气息。他向妻子提出希望今后两个人在各自想去的地方过自己想要的生活，妻子也同意了他的建议。他将所有的文件和银行卡留给妻子，自己拿着一个装着一些必需品的包离开了盆唐的家。

　　他让大女儿给他找一栋农村的房子，女儿在网上给他找的房子位于尚州农村。入住时，他没有带任何行李，行李都是后来女儿们送过

---

① 译注：位于韩国京畿道城南市。

来的。幼年期在他身上留下的烙印对他在这个人生地不熟的环境定居起到了很大的作用。在美国生活时，他的房子位于城市外围，面积足足有三千坪之大，每到周末，他都费力地修剪草坪。现在他生活在尚州郊区巴掌大的农家里，但他说："我虽然是穷光蛋一个，但一点都不羡慕别人。"

他唯一在意的是"属于自己的空间"。在

ⓒ 尹静恩

美国生活期间，他忙于照顾家庭、管理公司，就算住大房子、开豪车、打高尔夫、有权调整自己的工作时间，总归免不了要承受压力。他喜欢工作，运气又好，家人之间的关系也不错，但对选择赴美这一"疯狂之举"的他来说，维持"不错"的状态始终是一个负担。"我不是自卖自夸，那些任务我都完成了，手头已经空闲下来了，我觉得这样很好，今后什么都可以按照我自己的意愿去做……我来农村就是为这个，我想多数人都渴望这样吧？"

人们选择回归农村有很多动机和理由，但多数都离不开生态、自然、生命、农村等词汇并从中寻找意义。金潭回归农村也是出于这些原因，但对他最重要的是在"属于自己的空间里自由地生活"。出于多个原因，他重视"属于自己的空间"的自由观引起了我的关注。

弗吉尼亚·伍尔芙（Virginia Woolf）主张女性想自由地表达自己的想法和感觉，获得自律的人生，就要有一定的收入和"属于自己的

房间"。她提出这一主张以来，属于自己的房间/空间主要指的是女性的自主和独立。20世纪初伍尔芙在讲述女性作为作家很难在公共领域立足时留下的这些话，至今仍是渴望独立自主的女性们十分重视的话题。这也许是一种代代相传的特殊的女性主义文化遗产吧。

属于自己的房间是"自己"可以单独进行思考、提问、逗留的空间。无论是在女性的世界局限在家庭的伍尔芙的时代，还是眼下，女性要走向家庭之外的公共领域，都必须有属于自己的房间。主张女性要有自己的房间，意味着对女性在公共领域和私生活领域都不能获得公民自我决定权的强烈质疑，也是对现实中将多元的女性局限在特定的作用、女性气质、象征意义的文化理念提出批判。

从文化的角度而言，我们并不习惯将男性和"自己的房间"联系起来。但就算是通过经济活动充分获得社会认同的男性，当他们想要获得自由时，对自己房间的需求也会很强。这并不仅仅意味着获得物理意义上自己的房间。就算有了物理上的独立空间，男性在父权制社会和男性主义的神话中，作为家长/家庭抚养人的角色和身份使他们很难获得完整的"自我"。按照性别化的生命周期的脚本结婚生子、积累工作经验，虽然有助于生活的稳定，但同时也会产生"他律"和（自我）疏离的结果。

"离家出走"的欲望并不局限于那些渴望摆脱世俗父母和家庭压力的少男少女。在试图用想象力抵抗现实或改变现实的小说的世界中，我们经常能看到离家出走或渴望离家出走的丈夫或父亲的形象。这些形象要么十分正直或真实，对作为制度的家庭进行尖锐地剖析，要么卑劣没有责任感，为他们的自恋提供借口。其中后者更为常见，但总之我们姑且认为在自己的空间自由生活的欲望是一项基本人权，理应得到尊重和认可。关于这一点，一个有趣的发现是，随着预期寿命的延长，不论男女，都对这一欲望给出了更明智合理的反应。

随着晚年生活的延长，如何度过"人生的黄昏期"成为人们越来越关注的问题。金潭选择卸下过往的生活方式，以轻松的身心状态生活，这无疑能成为"后来者"可以效仿的先例。他的选择告诉我们，即便是在夕阳西下的老年期，"自我/自我实现"仍然是人类的核心议题。也许只有在这个时期，人们才能够走出以往优先满足外部要求的处境，转而专注于自我尊重和自己的渴望。为了这一点，人们会考虑将婚姻关系告一段落，选择解除婚姻关系的"解婚"或虽保持婚姻关系但互不干涉的"卒婚"，以获得自由。

从"一个人的自由"到建立"新关系"

我在本书中采访的两位男性为了在余生中按照自己的意愿生活，摆脱"一家之长"的束缚，都选择了卒婚。夫妻双方为了在余生中把时间和空间留给自己，过自己想要的生活，协议卒婚或解婚，无疑是一个需要勇气的决定。

此时，需要理智处理一个问题，那就是财产分配。人们之所以选择解婚或卒婚，是为了邂逅真正的自我，过去因为忙于追逐成功而无暇自顾，但如果不能"明智地"分配好财产，很多人会陷入身心俱疲的状态。很多男性之所以能专心在职场打拼，都是因为有了全职在家的妻子背后的支持。但有不少男性在分配财产时，完全不顾及妻子过去的付出，只考虑自己的利益，忘记了是因为妻子的照料，自己才能成为职场中的"商品"。

金潭以乡巴佬的品性跨越了这一陷阱。"孩子们的母亲得到了一定的财产和房子，我获得了我的空间。"或许我们可以称之为公平的分配而非交易。当他在美国融入主流社会，投入喜爱的工作时，他的妻子饱受作为外来人的煎熬。现在，妻子可以按照自己的意愿，在韩国的盆唐尽享都市生活，度过老年时光。如果他

没有主动提出这个要求,那他对"属于自己的空间"的渴望不知要拖延到几时。

他的选择给我们的启发还与"工作的主体"相关。眼下我们已经很难把六十岁前后的退休当成老年期的开端,因此有些人提出了"半退时代"。[①]在有关半退时代的话语或项目中,老年人尤其是老年男性最关注的是"重塑职场经验"。现在已经有不少五十多岁的人进入了半退状态,所以这种现象也是可以理解的。而且渴望继续工作或只能继续工作的老年人的欲望和需求关系到他们的公民权乃至安全问题,因此社会、企业以及国家需要充分考虑这一点。

但同时,我们也要对长期以来以父权制产业体系为标准的劳动形态——该形态以男性和有偿劳动为中心——成为半退话语的讨论框架提出疑问。如果把"仍然参加工作和社会活动

[①] 例如,《中央日报》专门制作了一个名为"半退时代"的网站,刊载半退理财、保健&生活、重塑职场经验、田园治愈、回归农业·回归渔业·回归农村等相关主题的新闻报道。

的主体"当作理想的老年公民，那么那些认为"终于不用工作了，以后我想按照自己的意愿生活"的老人就会被边缘化，或者按照资本主义的方式对这些老人所向往的生活方式和意义加以歪曲。从这个角度而言，金潭没有选择发挥过去在美国时的经验，"再次"积极尝试有偿劳动，而选择了"自由"，这也许可以为那些无法放弃有偿劳动或被迫从事有偿劳动的半退人群走向解放提供一个样本。①

大部分有关老年人生活满意度的统计中，影响老年人幸福感的因素包括与配偶、家人的亲密感，兴趣，社会活动以及舒适的环境。据2013年英国慈善投资机构NPC（New Philanthropy Capital）发表的报告《六十四岁时，谁会爱我？》显示，老年人生活幸福的三大必要因素是健康、经济能力和关系（夫妻、

---

① 下面我会更详细地提到，他在尚州附近的农村开始了新的人生。为了生计，他在工地或秋收的农家当过日薪工人，也当过英语老师，通过这些"工作"赚取了一定的收入，但他的这些活动终究是为了不再成为有偿劳动者。

家人、朋友）。① 那些平时就和配偶一起度过闲暇时光的老年人更有可能度过美好的黄昏期，此外，如果能和志同道合的友人保持良好的社交关系，就更完美了。②

但现在以婴儿潮一代为主的群体，正在回避老年人复杂多元的现实情况。据统计，七八十岁的老人访问韩国家庭法律咨询所询问离婚问题的案例较十年前女性增加了 24.3 倍，男性增加了 11 倍。问题正在从"为什么要离婚"转变为"为什么要一起生活"，黄昏离婚的人数呈现出增长趋势。③ 网络漫画《我爱你》讲述的是"就算明天死也不足为惜的"老人之

---

① "'我为什么选择黄昏离婚'：'孩子们都长大了'……说一说婚姻的未来"《韩民族新闻》（http://www.hankookilbo.com/v/136e2316d8b8421db407cbe2b59d5e6b）。
② 南淳铉、金美惠，《婴儿潮一代以闲暇为中心的生活方式、退休准备及夫妻闲暇活动对生活满意度的影响》，《韩国老年学》34（1），2014：183—203；赵源辉，《有关婴儿潮一代的生活方式及其准备养老的研究：以大田地区为中心》，高丽大学硕士学位论文，2012；崔慧莲，《中壮年群体的生活方式和闲暇活动对养老准备程度及生活满意度的影响》，高丽大学博士学位论文，2011。
③ "'我为什么选择黄昏离婚'：'孩子们都长大了'……说一说婚姻的未来"。

间哀伤的爱情故事。这部作品被陆续改编成电影、电视剧,足见其受大众喜爱的程度。[①] 剧中主人公美丽和万石(美丽靠捡废纸为生,万石是老年送奶工)、顺伊和军峰(顺伊患有老年痴呆,丈夫军峰曾试图与妻子一起自杀)这两对"恋人"的"黄昏恋"牵动了众多观众的心。这也从另一方面说明社会中老年人被边缘化的程度。这里的"你"之所以被放大,是因为在人生的最后阶段陪在身边的只有那一个人,而这只不过是媒体消极报道的不幸老年形象的对立面。

在这种消极的形象中,最为糟糕的是"孤独死去的独居老人"。但在崔贤淑的故事中我也提到,她通过近距离观察"独居老人"的生活,发现那些过往建立过亲密关系的人就算成了独居老人,也是不一样的。即便有经济上或健康方面的各种问题,独居老人仍然顽强地、

[①] 网络漫画《我爱你》(姜草,2007);电影《我爱你》(2011,秋昌民导演);电视剧《我爱你》(2012,SBS电视台,共16集)。

毫无畏惧地度过每一天，不但努力照顾好自己，也能在社交中获得乐趣。

假如健康、经济能力、关系是决定老年人幸福的三要素，且关系最为重要，我认为老年人也仍然有"建立新关系"的可能，重要的是要让人们认识到，走出异性恋家庭中心主义或以有偿劳动为主的经济活动，在全新的环境中，用全新的观点，建立全新的关系是完全有可能的。

如果原有的关系不足以宽容到可以接受本真的我、支持我的想象力，甚至不能给我带来安稳舒适的感觉，反而让我变得更孤独，那么也许老年人不应该因为害怕成为一个人、害怕孤独而继续维系这种关系，因为毕竟已经到了要与死亡为伍的年纪，总需要有一次机会发挥自己所有的想象力，鼓起自己全部的勇气，去设想另一种老年生活。只有变成孤身一人，才有可能期待建立新的关系，体会活着的感觉和经验。做出这种选择的确需要勇气和一些资源。其他年龄段的人想要有这种期待，同样也需要勇气和资源，只是多少的问题。如果我们能够克服所谓老年的特点——偏见、固执、怒气、闭塞、失落，也许人到了老年阶段，才更容易鼓起这份勇气。

之所以会形成这种整齐划一的消极特点，是因为人们不了解老年人的情况、没有考虑到变老问题也有性别差异。女性和男性的变老是不同的，（上面也提到）就算是"独居老人"，男性和女性对人生的理解和日常生活的方式也是十分不同的。

不论男性老人还是女性老人，都不应该从消极的角度一概而论地认为老人的特点是丧失、损伤、缺乏、危险，这种态度会在整个社会形成"胁迫"老人的效果，越是如此，老人就越会陷入不安，更容易形成有偏见的、固执的、保守的倾向。现实中也有一些老人认为自己被遗弃、被排除在外，因此带有被害情结，容易发火，陷入自我封闭。既然老年期变

成"独自一人"的概率很大，那我们就需要从"自由"的观点积极地进行开放式思考。此时，我们就会发现建立"新关系"的可能性也没有那么低。金潭回归农村追求"一个人的自由"的故事给我们很好的启示。

做到不分好坏全盘接受，就是顺其自然

人们通常认为自由和孤独无法并存，但金潭的想法有些不同。多数情况下，他整天都在独处，但并不觉得孤独。他认为人们之所以感觉孤独，是因为精神空虚。他每时每刻都在享受独处的自由，做此时此刻必须做的事，所以根本无从空虚和孤独。从强调"自我管理"的金潭身上，我看到了那些将追求合理作为最重要的人生原则的人身上的特点。不出所料，他不但在事业上强调管理，还认为日常生活中的管理也尤为重要。

管理并不需要什么特别的技术。无论是抓细节，还是看框架，只要做到合理就可以。经济理论也罢，组织经营理论也罢，终究讲究的就是合理性。顺"理"而行，就不会有问题。人们感觉孤独也可以算是个问题吧。

他所认为的管理或合理性的原则让我想起古希腊人强调的技术（techné），即在目标指引下的实践上的合理性。但不同于过去作为家庭抚养人或公司负责人，现在他使用的技术中没有明确的目标。虽然没有确立特定的目标，但在日常生活中技术仍然是有用的。不论是退休还是半退状态，他现在已经没有了过去那种被强加的时间表，在这种情况下，和时间形成自律的关系，安排好自己的日常绝非易事。就像古希腊人相信连人的情感都可以用技术的力量去管理，金潭也认为老年人之所以感觉孤独或孤单是因为精神上的荒凉。

除了技术不足之外，他还强调"人们有很多超出需要的、过多的欲望和需求，因而无法获得成就感"。无论年轻还是年老，人都会通过成就获得巨大的愉悦感。但是在"他律"的时间表下获得的功能性的成就并不适用于需要独立安排时间、独立做决定的自律的时间表。成就带来的愉悦感越少，人的精神也更容易陷入荒凉。但这真的仅仅是欲望或欲求过度所致吗？例如，有些老人因为不合群而感到孤独，如果金潭对这些老人说："为什么你不主动和别人打交道，反而渴望别人先主动找你？"或许有不少老人会向他反驳："不是所有人都能做到你那套理论。"

在美国时，他是一个外国人，而他这种只要合理就可以解决任何问题的信念起到了十分重要的作用。无论是在超市购物还是事业上的往来，他"从来没有"因为对方是"白富强"而心存畏惧。相反，为了不给对方提供小看自己的机会，他努力做到"每句话都没毛病，每个动作都不出格"。这就是他合理经营自己的方式，而这一方式在他的旅美生涯中从来没有背叛过他。

那么，是否只要合理就不会遭到背叛？姑且不论那些"移民者是否能适应当地或在当地取得成功"的故事看待移民者的成败，往往选用的是非成即败的二分法，他们身处的环境要远比合理经营自己的问题复杂得多。移民人群的历史是由移民目的国的移民政策、居住地和工作、闲暇时接触的当地人的态度（欢迎还是敌视）、工作单位的组织文化和劳动条件、移民者带去的资源价值和利用情况等众多因素相互交织而成的。对金潭而言，除了他合理的经营方式，还有一个"友军"一直帮助他，那就是"时常伴他左右的运气"。他说即便是作为"乙方"进行谈判时，也从来没有感觉到无奈和委屈。"背后怎么样我不知道，但至少表面上没有贬低或轻视我。"他说这句话的时候，我看到了"运气"在他身后露出了友好的微笑。

当然，不能仅从运气的角度解释他在美国的成功以及在尚州乡下的自立。同时，我们也不能认为他是一个计划周密、严格控制自己想法乃至情感的十分机械的人。他之所以能够带着幸运一直走到今天，是因为他接受现实的品质。他并没有对人生进行周密的计划，对现实既没有抱怨也没有眷恋，只是接受现实，并从中感受真正的自由。

Accept as it is（接受现实）。这是美国二手货报纸里经常出现的句子，很符合我的生活。我出生在小小的闻庆农村，吃着玉米长大，我对童年没有任何怨言。我反而觉得一个乡巴佬能当上庆南大学的教授是幸运所致。但是我也没有为了争取这份幸运付出过什么努力。我最终还是没拿下博士学位。为什么？因为没钱。当年卖了房子，给学校退还六个月的工资后，去了美国。但到了美国还要养家糊口，硕士读下来之后，基本就成了穷光蛋，夜里还在加油站打过工……抱怨？我从来不抱怨，有什么可抱怨的。我一路都是顺应着现实活过来的。"Go as it flows"，这句话让我们顺势而流，我就是那么生活的。来到尚州后，我也没主动约什么人见面，我本身就不是那种性格。我不会因为孤独去参加什么酒局或聚会之类的，那不符合我的性格，我也不愿意那么做。但现在情况怎么样？我碰到了很多好人，也积累了很多之前从未有过的经验。

乐于接受现实、顺势而流的金潭并没有什么大的梦想和目标，因为他深知如果追逐梦想和目标失败，反而会引发孤独、不安和焦虑。而且他已经在美国"实现了所有的梦想"，所以对别的梦想也没有什么留恋。放弃追逐梦想，回到韩国农村定居的他目前唯一的心愿就

是享受现在的自由，按照自然的状态生活。

所谓自然的状态关系到"形成"与"消失"的有机循环。正如谷物和水果是在形成到消失的过程中，为我们提供能量，我们不应害怕变老，而应该好好度过晚年，这就是自然的道理。他不太喜欢"第二人生"或"人生第二幕"等说法。他认为不应该要求人生第二幕，而应该把舞台让给年轻人，为了做到这一点，就需要靠自己的本事过好人生第一幕。

上了年纪的人谁都会经历"早上起床时不自觉地发出呻吟声，想干点啥都得先找眼镜"等诸多不便。但是金潭认为上了年纪有这些不便都是再自然不过的事情，遵循这个自然规律就是顺其自然，"就算没有什么特别的领悟"，只要能做到顺其自然，就算是长了慧眼。面对各种不便，能做到顺其自然有什么好处？也许朴素的慧眼可以算一个好处。在他看来，和"人生第二幕"一样，"老了之后的好处"这一说法也不太理想，因为能做到不分好坏全盘接受，才叫顺其自然。

他口中的老人的慧眼具体是这样的：与其在舞台上使出浑身解数，不如走下舞台成为观众；在做任何决定时，放慢一个步子；让时间慢慢褪去杂乱无章的心情。"只要给自己一些时间，那些不好的心情慢慢就会褪去，就可以看到里面的主干。这一点确凿无疑。这样一来，就能自然而然地找到解决问题的方法。"就算发生一些问题，只要保持这个态度，就可以避免"操之过急"。说得简单一点，就叫顺其自然；说得高级一点，就叫慧眼；说得更通俗一点，就叫遵循年龄的指引。在这种顺其自然的态度和指引下，他还做一些力所能及的体力劳动，由此我们可以得出能让他在尚州扎下根的是"合理的实践，即技术"。

到了尚州之后，他做过很多体力劳动。他第一次去是在11月，他在削柿子皮的地方做了二十天抬箱子的活，每个箱子里装着二十五公斤柿子，因为他之前没有这方面的经验，领

到的日薪是八万韩元。（我问他："您年纪也不小了，身体吃得消吗？"他答道："您到了我这个年纪，难道就不往下过日子了吗？"）第二年他还做过挖果树苗的工作，后来又去店村的建筑公司做过社区医院建设项目的监工，从动工挖地到收工正好四个月。工地的年轻人摊开设计图，傲慢地问他："能不能看懂？"但对他来说，这份工作比盖"狗舍"更简单。用这份工作获得的收入，他付清了房租、还清了回农村定居初期从女儿们手中借的钱。现在他靠给高中学生做英语家教为生，这是他每周到尚州的儿童福利院无偿教孩子们说英语的过程中，经人介绍谋到的差事。

身边那些千奇百怪的故事

金潭在尚州附近的农村第一个属于他的空间里，碰到了不少特殊的人，其中就包括一群"奶奶"。在《兴起》连载两年的小说《小香传》的原型就是他和邻居小香奶奶边择菜、挖大蒜边聊天听来的故事。虽然是小香奶奶的故事，但具体是从小香奶奶的好朋友"叨叨奶奶"那里听来的。他发现"叨叨奶奶"不论是说话还是做事，总是"叨叨叨叨"，所以给那个奶奶起了个外号——"叨叨奶奶"。叨叨奶奶年近八十，但还在种地。因为"没有老伴"所以自己开着耕耘机耕种，耕耘机也"叨叨叨叨"地响，是名副其实的"叨叨奶奶"。小香奶奶的老伴也已过世，两位奶奶都一个人生活，所以走得非常近。

其实，在整个村子里，小香奶奶的故事并不是什么秘密。小香奶奶来自附近的村庄，邻近村庄的居民都到一个集市买东西，所以各村的人都彼此熟悉。因此可以想象"代人生子"的小香奶奶带着一个老头搬到现在这个村里的时候，肯定少不了流言蜚语。

回农村初期，金潭发现小小的村子里怎么有那么多故事，觉得很新奇。他和小香奶奶互

相交换菜园子里的蔬菜、一起择菜以来，和其他奶奶也熟悉起来了，而且从她们的嘴里，他听到了无数的故事。在他的脑海中，奶奶们的人生故事渐渐和韩国的近现代史一一对应了起来。

> 我跟小香奶奶混熟之后，和其他奶奶的关系自然也就近了。我对小香奶奶说："我们找地方喝个参鸡汤吧。"她总是一副想把所有好朋友都带去的表情。奶奶们集合后，我就在车后铺张毯子，带着她们一起去。小香奶奶会跟她们说："你们能出去吃饭，可是借我的光呢。"她就这样炫耀着。其实她因为个人的经历，在村里并不那么受人尊重。老伴死后，她靠微薄的政府补贴生活，势单力薄。所以趁和我出去吃饭的机会，她想在大家面前长长脸。我早就看出了她的想法，所以会主动提出带奶奶们一起外出吃饭。

将小香奶奶"代人生子"的个人经历写成文字，是在他和"日初"最初开始通信的时候，现在他俩已经成为最亲密的"道伴"。日初女士看出了他的文采，建议他以小香奶奶为题材写一部小说。当时他刚好没什么事儿做，所以就像写情书那样，两三天写一篇小香奶奶的故事发给了日初。这样积累下来的文字越来越多，后来得以在网络杂志《兴起》上连载，没想到很受欢迎，所以每到交稿日期，他已然成了要抛开一切，在电脑前敲键盘的作家。

在本章的开头部分我也提到，"品尝过成功的男人"从事业上退下来后，写的第一篇文字记录是有关农村奶奶的故事，这件事本身就让我产生了好奇心。他并没有给自己制订"要以小说家的身份开始第二人生"之类的规划。偶然的一次机会，一边择菜一边听一位奶奶讲故事，他觉得故事很有意思，就侧耳倾听，后来发现整个村子都是奶奶们的故事。他认为这个有意思的故事应该讲给别人，结果就写出了

连载小说。源自故事/故事达人传统的态度勾起了他浓厚的兴趣,给了他意外收获。①

一副南美人的长相、一米七八的大个子男人和一个满是皱纹且瘦小的农村老太太一起择菜的画面本身就比较另类,他还仔细聆听这个奶奶絮叨自己的故事,并将农村奶奶们的故事当成韩国近现代史的重要组成部分记录了下来,这所有的经历很难发生在一个退休的普通韩国男人身上。

金潭"故事达人"的面貌可以追溯到幼年期他在闻庆乡下度过的十二年,用他自己的话来说,正是这十二年塑造了他的品性。此外,也可能与他顺其自然的基本态度与追求合理的态度之间毫不冲突的思维方式有关。据我推测,应该和这两者都有关联。此时我发现他被"卷入千奇百怪的故事"并用自己的语言重新

---

① 瓦特·本雅明,"故事达人:对尼古拉·列斯科夫(Nikolai Leskov)作品的研究",《叙事·记忆·批评的位置》,崔成万译,首尔:Gil,2012,413—460。

编织故事的能力与他待人接物、自己建造房屋的能力十分相似,所以终究"编织/建造"①就是他品性或性格的表现。

第一个发现他文学才能的是独具慧眼的女人日初。他来到农村后,偶然结识了日初,现在已经成了他的女朋友。他看到"站前咖啡馆"的招牌后,进了那家咖啡馆,没想到这家咖啡馆日后成了给他的生活注入活力的"休息站"。他和这个与自己性格截然相反的咖啡店老板娘通过对话,建立了彼此信任和尊重的关系。

日初有很多新奇的想法,每当她从这个想法跳到那个想法,金潭就要对这些想法进行权衡。在充满好奇心的她决定踏入一个新世界之前,他要负责确认这个新世界有没有用,是否有可能进入这个新世界。每当这位咖啡店老板娘思考该邀请谁举办什么样的派对,一旁的金潭就需要搭建遮风挡雨的帐幕,他还要修暖气和水管,他过去从事过建筑行业,这些对他都

---

① 译注:韩文中原作者用的编织和建造是一个词。

是再简单不过的工作。他们彼此的不同就像齿轮一样合缝。他训练有素的双手将她的想法变成现实,而她永不枯竭的想法和热情给他的生活点缀色彩和香气。

"追求合理的开拓者"和"充满好奇心的女人"之间展开了一场角色扮演游戏。他们已经在他亲手修建的房子里共同生活了数年。这个角色扮演游戏之所以能延续至今,其核心动力是两人虽然"在一起",但同时也没有失去各自独立的一面。"在这个年纪"还能成为这个游戏的主人公,同时也是因为他们懂得了热情的本质是一种欢迎。只有在作为欢迎的热情中,信任和敬意生根发芽,他们的关系才能够稳定,因此可以说信任和尊重的价值无比巨大。从这个角度而言,金潭说日初于他,不是通常意义上的恋人,而是对他"重要的他者"(significant other)。

从前面提到的崔英善和小女儿的关系中也可以看出,彼此重要的他者成为道伴是美好的。"道伴"即一起修道的伴侣，如果"修道"不只限于严格的宗教实践，那么此时"道"还可以意指"道理"。如果年轻时就能追求道理、实践道理，固然是最理想的，但如果做不到这一点，那么在走出无限竞争的赛道，在半退、退休后，才是"在更晚之前"追求道理、实践道理的最佳时间。在这个追求的道路上找到彼此支持和鼓励的伴侣，我们理应称其为幸运。金潭和日初知道虽然自己"喜欢对方，对方对自己很重要"，但"就算没有对方，自己的生活也不会改变"。正因如此，他向我炫耀的幸福是这样的：

最后来说一说金潭自己盖的房子吧。他和日初现在一起生活的房子坐落在距离咸昌邑[①]几十分钟车程的一个小村子里。我第一次去见他的时候，房子的状态很难被称为"房子"，被茂盛的树叶包围着，难辨形状，且十分破旧。水、电、洗手间，什么都没有。房子的木

---

① 译注：咸昌邑隶属于尚州。

ⓒ尹静恩

梁被晒得发黄，但房顶没有漏雨的痕迹，所以只要修好，应该会是不错的房子。他和住在束草①的房主取得了联系，房主说，如果他想租，就可以租给他。他不想频繁搬家，就对房东说"我打算住十年"，房东也很痛快地答应了。他和日初女士商量后，第二天又给房东打了个电话，说："修理房子要花不少钱，前两年就别收房租了。"房东也同意了。

签了租房合同后，他于2013年7月1日正

---

① 译注：位于韩国江原道。

式开始施工，刨地、拉水电、建洗手间、埋净化槽，都是他一手完成的。炎热的7月和8月，整整两个月的时间，他没有休息一天，整日忙着修房子。因为附近没有什么店铺，所以即便是对他这个建筑行业从业三十年的专家来说，也不是一件容易的事儿。他用整整两个月的时间，完成了正房的修缮工作，9月1日搬了进去。

行李搬进去之后，房子的具体工程还没有结束。一天做门，另外一天做房檐，接下来的几天做花坛和台阶。原本泥土的院子经整理后，铺上了一车小石子，甚至还做成了一个可以开派对的空间。看着日新月异的房子，村里人都赞叹不已。但真正让人吃惊的是，他使用的大部分材料都不是新买的，而是捡了别人用过的或丢掉的东西。可以不受工时的压迫，按照自己的节奏推进，还不用为经费绞尽脑汁，亲自建一栋"实用且像样的"房子，对他来说是一件无比开心且有趣的事情。

在这样修建好的房子里，他们可以不考虑

结束的时间和金钱，带着他们的另一个家庭成员——乡下土狗福顺——一起散步，度过有用的每一天。

一天，正淅淅沥沥地下着秋雨，十分阴冷，我借口要采访他，钻到他家的热炕上躺了一会儿。我伸开双腿，感觉到一种"近似融化的愉悦"，仿佛要在这里度过六十几岁、七十几岁、八十几岁的房主的惬意感是属于我的。

现在我边写这篇文章，边吃着他送的亲自种的红薯，再次回想起那种充盈的感觉。他说："就像道伴一样牵引我的是，就算是杂乱的心绪和不满的情绪，只要给自己一些时间，都会慢慢褪去。"这句话也是他向后辈们给出的一个建议，我在心中慢慢酝酿了好几天，才让它"褪去"，突然觉得这也许就是人生原本的主干。他讲这些话的时候，他的声音和样子都隐隐闪烁着美丽的光芒。这句话很有用，每当我心绪复杂或觉得不满的时候，就会用这句话来给自己指引方向。

© 李英旭

5. 领悟老人的怀抱："我想邀请老人到广场来"

——喜欢走上街头和旅行的男人，李英旭的故事

"三四年？"当我问李英旭婚后的恩爱时光有多长时，他如是回答。目前他已与妻子分开，独自和年过九旬的老母亲一起生活。他说自己婚后三四年夫妻关系就变得"平淡无奇"了。虽然在婚姻生活中也感受到了一些亲密的情感，尤其是在养育孩子的那段时间，但更多的时候，他与妻子之间始终没能消除距离感。他们夫妻同为小学教师，共生养了三个女儿，两人退休的时间也差不多，退休后没多久便协议卒婚。

他们是经同事介绍认识的，经过短暂的

恋爱期就匆匆结了婚。也许是因为这个原因，三四年的甜蜜期过后，两人的生活就陷入了平淡的日常。在这种情况下，妻子既要照料"只要有看不顺眼的，就必须直言不讳的刻薄的婆婆"，还要抚养三个孩子，想来这对妻子来说也绝非易事。他的母亲一共生养了八个子女，母亲为丈夫和子女的付出与牺牲远远超出了父权制社会对女性的要求，堪称"完美女人"的一生，因此在母亲眼里，儿媳满是毛病。婆媳间的矛盾导致多年的夫妻关系也陷入紧张，最终使他们成为陌路人。

退休成为卒婚的契机

儿媳从教师职位退休后，婆婆照旧对儿媳指指点点。而对此时的妻子来说，可能也产生了一种质疑："我到了这个年纪，还要这么活下去吗？"而且一直以来他这个"大孝子"也没能成为妻子情感上的寄托。他本人并没觉得自

己有多么孝顺，但他始终认为伺候母亲是长子的责任，他这个"理想的儿子"的确给妻子带来了不小的负担。

退休后妻子无须上下班，这使她再也无法忍受和婆婆一起生活。婆媳之间的不和导致母亲搬到别的儿子家，而李英旭无法接受这个情况。当个背包客是他曾经的梦想，他希望通过一次浪漫的冒险之旅改善与妻子的关系，于是两人便安排了为期四十天的欧洲之旅，但最终还是以争执收场。他们两人都认为彼此间的矛盾已经到了无法缓和的地步，因此在旅行的最后一站河内，做出了卒婚的决定。

两人卖掉了过去共同居住的房子，用卖房子的钱分别置办了住处。他们并没有办理正式的离婚协议，但现在各自生活、互不干涉。与妻子分开后，他把母亲重新接了回来，此时他才感觉如释重负，现在与母亲一起平静地生活着。决定卒婚后，他最担心的是兄弟姐妹、母亲以及周围朋友们的看法。但母亲对搬新家、日常生活的变化、儿媳的离开等情况没有多问一个字，朋友们虽然心知肚明，也没有多说什么。

和年过九旬的母亲两个人生活，李英旭没有请保姆，而是选择自己做饭、料理家务。看着母亲身体健健康康，每天清晨都能去做祷告，甚至还能抄好几遍经，他感到非常自豪。他的三个女儿分别在加拿大温哥华、法国巴黎、美国亚特兰大生活，因此就算是逢年过节或他的生日，也很难见面。谈及女儿们，他说道："我连个生日都没有。"此时他的表情和他说"我在享受一个人的自由"时并没有多大不同。他没有等待的条件，所以就算想等也没法等。对他来说，孤独有时可以克服，有时又难以克服。他虽然没能完全摆脱孤独，但他"淡淡地"说："没有其他人想的那么严重。"

我认识他是在一个规模较小的教会里，在人数不多的信徒中，他最年长。他的诚实勤勉得到了大家的关注。在社会规范不可回避的外部环境和内心自我修炼的内部因素的双重影响

下，毕生的训练和追求锻造出了他诚实和富有责任感的品质。这一点无声地但又十分明确地从他的表情、穿着、行为举止中一一流露出来。

他生于1939年，二三十岁的青年时代刚好是六七十年代，也就是韩国高速现代化时期。和众多在该时期从事有偿劳动的人一样，就算对体制有些抵抗意识，"有志者事竟成"的认识仍然练就出了"顺从的"身体，而这一身体在老年期也持续发光发热。在他四五十岁的时候，也就是韩国民主化斗争从爆发到获取胜利（民主化斗争始于1980年5月18日的光州革命，于1987年获得胜利）期间，他作为教师，主要通过批判乃至抵抗教育政策的方式进行了属于他自己的民主化斗争。

现在他已年过七十，过往的生活经历成为他人生的重要基础。经过训练的身体和（在历史的流逝中获得的）政治感觉，以及作为教师的"自我感"，这三个要素使他能够以最高龄者的身份在年轻人居多且关注少数群体的小型教会里维持平衡并发挥作用。他过去延续的虽是韩国现代化过程中的"模范生活方式",但不同于其他同龄老年男性,他身上总有些东西能吸引人的注意,这也引起了我想要多观察他的兴趣。他身上的那股力量是什么?是"平淡的力量"?李英旭让我产生了这种疑问,下面我们就一起了解一下他的"美",看看他为什么"吸引眼球"。

放下"寒酸的等待"行动起来

不要再等下去了。[年轻时的等待或许还是美好的,但变老后的等待就有点寒酸了。]一味的等待不一定能换来子女、后辈、朋友的电话或来访。现在作为前辈的您要主动打电话,表达心中的思念,并提出见面。前辈,您有更多的时间,也有足够的权力提出见面。

这是 2015 年发表在脸书（Facebook）上的一篇长文中的一段话。文章的内容是一个正在变老的后辈写给年长前辈的一封信，引起了很多网友的转发和留言。"不要再等下去了。"① 不同年龄的人看了这句话，感受自然也会不同，但这命令的句式唤起了我复杂的心绪。当时社会上对"世越号"遇难者家属们的抱怨之声越来越大，觉得他们应该"适可而止"，所以我看到这篇文章后，心情也更加复杂。在 Facebook 上留言的好像主要是年轻人（？），而且留言内容多数是对那些凄惨可怜的"老头老太太"表示不满，因为他们总是以落伍的等待和期待来为难年轻人。

预期寿命延长到一百岁以来，受老年人不应在漫长时间里惹人烦的意识影响，社会中不知不觉间形成了这样那样的格言或忠告。这种忠告以所谓智慧（其中不少是旁门左道的

---

① 最初在 SNS 上发表的该文后来被收录在作者林泰朱的散文集《这令人疯狂的怀念》（Yedam，2014）中。

智慧！）的形式登场，因此我们有必要对人们"消费"这种忠告的方式进行更冷静审慎的思考。上文中毫不留情地命令人们"变老后的等待是寒酸的，所以不要等了"，而且这一描述还会勾起人们的羞耻感和恻隐之心。

五十八岁的我之所以既会被老年人吸引，又会被那些凝视老年人的其他人吸引，主要应该是因为我的年龄刚好处在这两者之间。人们对年纪的认识主要受身体状态、社会地位、文化资本以及参加的活动、居住地等因素的影响。"年轻时的等待或许还是美好的，但变老后的等待就有点寒酸了"，乍一看，人们会觉得这句话有些道理，但只要再稍加思考，就会产生疑问："这种想法的逻辑是什么？"这句话消除了"等待"这一带有情感的行为所包含的复杂性，只从"年龄"的角度来划分等级。那这句话到底会有什么效果？会不会超出原作者的意图，起到侮辱老年人的效果？

该文作者也明确表示，这一忠告一定程

度上也是给他自己的。他面对正向自己走来的"老年之神",提前发现未来的自己在焦急地等待着迟迟不来的人,因此劝自己不要再等下去了。①虽然在三句之后,又以"前辈,您有更多的时间,也有足够的权力提出见面"来谈及"权力",但在我看来这只是出于礼节而添加的内容。该作者劝那些上了年纪的人,虽然你们时间多,但不要等了,我认为这种劝告源自对"等待"的消极态度,也就是误解,例如"时间多了,所以不要凄凉地等着别人来找您,要主动出击"这种观点与新自由主义这一经济文化的思考方式十分相似。

如果(用新自由主义的方式)更冷静地分析该文中内含的信息,不就是"如果前辈过往的人生足够获得人们的尊敬,而且现在也过着

---

① 该文的标题就是《写给前辈的劝告》,开头部分内容如下:"尊敬的前辈,这个不知天高地厚的后辈向您进言了。我当然也知道,这封信一旦发出,无疑会像回力镖一样,返回我自己的身上,毕竟我也是一些人的前辈。但我之所以还要发出这个劝告,是因为前辈和我都到了不把别人的话放在眼里的年龄,我们的心脏、大脑、身体也在日渐枯竭。但往后的生活,至少我们不应该让别人叫作'糟老头'吧?"

受人尊敬的生活，那么不用等，自然会有人来看望您"？"百岁时代"一词就像夏日长出的黑色霉块，因为担心（我）孤独，担心（你）等待，提前让人陷入恐惧和担忧。就算百岁时代在散布着一种恐惧心理，但解决这一恐惧的方法难道就是要在你我的心里撒盐？如果说这种毫无根据的恐惧的核心是谁都无法保证自己不会成为那个孤独和等待的人，那么克服这一恐惧的方法也应该在于平等：因为谁都会衰老，所以要让所有人都成为等待的主体，也就是让形式上的平等转换成内容上的平等。

所以我认为在宣布"年轻时的等待或许还是美好的，但变老后的等待就有点寒酸了"之前，我们应该先试着去探索老年人的等待所内含的力量和美好。有关老年人的思念之情，韩国文学很早就成功塑造出了非常美好的形象。李清俊的短篇小说《雪路》中的"母亲"形象代表的就是老年人的思念。[1] 小说中的主人公

---

[1] 李清俊，《雪路》，文学与知性社，1977/1997.

将老母亲称为"老人",有谁能说这位母亲宽如大地、深如井水的思念是寒酸的?有谁能说这只是针对血缘亲属或共同体的狭隘思念?这份思念超越了自家的院落和村里的旷野,延伸到了巨大的广场。不是因为孤独而等待,而是因为不等待,所以才会孤独。

在百岁时代,不光是老人的安保,社会中除了百分之一的人以外,所有人的安保都会受到威胁,所以应该鼓励人们去等待。而且"变老后的等待是寒酸的,所以不要等了"的想法其实是一种父权制下男性气质的表现。无论退休与否,一般女性听到前辈在等自己后,通常会有两种反应,要么是"啊,您在等我啊,谢谢",要么是"啊,您在等我啊?不好意思"。女性和男性的变老经验是十分不同的。像日本和韩国这种父权制文化尤为强烈的国家,男女的变老体验就更不同了(想想日本超高的黄昏离婚率)。根据把时间当成生产效率、把地点当成占领、把关系当成竞争的程度不同,不同群体的变老经验也各不相同，但大体上，程度相对较低的女性（老年女性）会通过互相等待、彼此走动度过比较好的晚年生活，而程度相对较高的男性（老年男性）则互相让对方不要等待，会因无处可去而唉声叹气，晚年生活也更加艰难。

　　李英旭的三个女儿都在国外，所以他无须特别努力，就可以做到前文中的放下"寒酸的等待"。他和妻子已经卒婚，所以也不用向朋友发出寒酸的牢骚，例如，"我退休后，妻子就变了""现在连刷碗都是我的份"。在整个婚姻生活期间，他一直觉得背负着沉重的义务感，而现在终于获得了自由，所以他有很多事可做和想做。但不能说这与"寒酸的等待"（因为等待的人是"退休后空闲时间变多的年老的他"）一定没有关系。

没有同龄人可以开玩笑，却有伙伴共同实践"街头信仰"

1999年退休前，他曾是首尔市江西区教育局的"头号问题教师"，因为他总是对教育局不合理的行政规定提出疑问。他四十几岁的时候已经获得了升职资格证，但最终还只是以普通教师的身份退休，这主要是因为他对教育民主化运动的信念。周围的人会劝他："升职后，也可以继续搞运动呀！"但他还是没有放弃"宁折不屈"的态度。以普通教师的身份退休后，他参加了多种志愿活动，例如，教文盲邻里识字、在西大门刑务所历史馆讲解日据时期的民族受难史等。后来从2008年开始接触教会以来，他的退休生活迎来了重大转折。

说来也有些讽刺，他开始与教会结缘始于妻子过去在那里曾担任过职务，他在给妻子当司机的过程中慢慢走近了那里。对自己的首次有信仰，他在初期投入了极高的热情。但时间一长，他慢慢觉得这个教会并不在乎社会意义，而只是以个人的晋升和飞黄腾达来解释上天的恩赐。他渐渐发现自己渴望的不是神职人员主张个人权威的教会,而是推进社会改革的先进教会。他又陆续接触了一些其他教会,但都失望而归。正在此时,他在网上发现自己现在所属的教会。这个教会的名字并没有如雷贯耳,反倒觉得有些生疏,但这正是他一直寻找的教会。他对该教会神职人员提出的教会文化中内含的社会、政治含义十分满意,对该教会的神职人员也很信服。

他深爱和珍惜这个主张教会小型化的教会,因此他并没有在意当时教会里正在讨论的建立分支教会的问题。但当分支教会的教友委托他去帮忙时,他也选择了欣然前往。虽然大家并没有对后续的工作规划进行过讨论,但是他对教友们的信任无比感恩。他说:"俗话说'士为知己者死'嘛。"

在四十中旬的女牧师领导的新教会中,年近八十的男性作为最高龄元老起到的作用是非常独特的。这是一个由普通信徒组成的信仰共同体,注重对社会少数群体和差异的理解。共

同体成员们自身就是儿童、女性、残疾人、青少年、素食主义者等社会少数群体，他们各自不同的文化身份不但是教会内部活动的动力，也为教会文化的宣传提供了力量。例如，教会神职人员支持特殊性取向群体的人权，因此在相关游行活动中举行了仪式，教会成员们也自发参加这次活动和仪式并手举宣传牌参与游行，还有江汀、密阳、位于汝矣岛的新国家党办公楼前（针对吉他制造商 Cort-Cortek 的维权活动）、良才洞现代汽车大厦门口（针对汽车引擎零部件供应商由星企业的维权活动）、处于被拆除危机的探监胡同、江南站八号出口（要求正确解决三星半导体工厂员工职业病问题的维权活动）、光化门广场或"四·一六""世越号"惨案纪念馆（声援"世越号"惨案遇难者家属、幸存者）、光化门地铁站地下（主张废除残疾等级制、抚养义务制的静坐示威）等，在这些韩国社会主要的"问题"现场都能看到他们的身影，而这些活动也构成了教会内部追求的重要外在实践。

　　李英旭希望尽可能参与每一个现场活动。他陪同神职人员前往江汀，去拘留所探望选择被拘留的同伴，甚至他本人也选择了哪怕只有几天的拘留而非罚款。他同样不想缺席游行、要求制定"世越号"特别法的签名和绝食活动。过去几十年，他只往返于学校和家，现在终于可以到街头的各个角落工作，终日和志同道合的人或自己一个人坚守现场。

　　新教会成立初期的前两年，家住丹阳的他从未迟到，还拿了"全勤奖"，后来把家搬到南杨州后，每次活动也都早早到场，负责搬运桌椅等准备工作。以父权制社会"正直的志士"度过一生的他，就是用这种方式来帮助这些平均年龄二三十岁，且"个个都个性十足"的志同道合的伙伴建立并稳定了自己的团体。团体中和他年龄差距最小的男性都要比他小上十岁，从这个角度来看，可以说他本人在团体中也算是一个"少数群体"。

我试着对年轻人敞开心扉，但感觉他们会觉得为难。我也在想是不是我给人的印象让人不那么容易靠近，因为我确实也有苛刻的一面。所以我会更主动，但这的确不容易，而且周围也没有我的同龄人，年纪和我最近的都比我小十岁。没有同龄人确实是个遗憾，同龄人可以互相开个玩笑，但这里连个开玩笑的对象都没有。

他所说的"因为没有同龄人，所以没法开玩笑"的话在我看来并不是一个简单的问题，因为"没有开玩笑的对象，就意味着孤独"。在这个没有可以开玩笑的同龄人的环境中，他作为最高龄者，始终会给自己一种负担，那就是"始终要以端庄的表情坚守本分"。在这个对差异的理解力如细网般缜密的教会里，假如他偶尔开个玩笑，难免担心有人会觉得他"老大的年纪，净说些没用的"。由此可知，他放弃明洞的教会，而选择现在的团体并不仅仅是因为可信赖的神职人员。他来到石阶后，也就等于失去了可以和三四个"同龄朋友说些没用的话、开开玩笑"的机会。现在，代替"话友"的是一群共同实践"街头信仰"的同志。

一起行动，聪明地与时间赛跑

除非病倒，要不然李英旭不会缺席占据他大部分生活的集会活动。随着年龄的增长，这已经成为他退休后最乐意参加且觉得十分有意义的事情。尤其是在集会现场通过共同呐喊、碰撞、行动获得的"力量"和"气势"是其他任何事都无法给他的。也许对他来说，这是比"自认为参与正义并将其付诸行动"的道理更重要的动力。

当年龄从六十长到七十，又从七十长到八十，人们会慢慢认为所剩下的时间短暂，因此很容易在遗憾和恐惧中陷入混乱。怎样能从

这混乱中自救？也许答案就是"在与时间的赛跑"中变得聪明。尤其是那些在过往人生中找不到什么意义的人会更热切渴望在剩下的时间里找到意义。从这个角度而言，李英旭是一个幸福的人，因为他知道就算前方可能有失败或失望，但他"（自认为）知道"自己想做什么、什么才是对自己最有价值的。

目前，李英旭的大部分时间都用来参加与政治、社会问题相关的"街头"活动。此外，他放在心上的还有另一件事，那就是每天早上给亲朋好友或教会的教友发信息，信息的内容是他在沉思中挑选的《圣经》里的句子和一首诗。每天清晨收到他的信息的人，无论他们是否理解或喜欢里面的内容，都已习惯把收到他的信息当成一天的开始。

他要在固定的时间发送一首诗和一句《圣经》，即使是在旅行途中，他也要确保每天都准时发送信息，这无疑是一种负担和累赘，但是他喜欢通过这件事获得人们的"称颂"，也为此感到自豪，所以不想半途而废。如果是去时差很大的地方旅行，这会影响他的睡眠，如果当地的无线网络（Wi-fi）不太顺畅，还要花心思找别的解决办法。但无论是参加集会，还是发送《圣经》和诗句，只要开了头，他就要一以贯之，坚持下去。对已经退休十五年且进入"老年期"的他来说，这既是一种日常生活的节奏，也是保持自尊自信的方法。

通过确立"只要还能做，就做下去"的原则，确认和扩大"只要还能做"的范围，这一点在街头祈祷中尤为重要，因为只要开始缺席

一两次，那"只要还能做"的范围就会无情地缩减。认真和坚持是李英旭那一代人或今后将组成老年群体主力军的婴儿潮一代人的优点。但问题是如何充分发挥这一优点，因为这关系到如何度过退休后的时光。而且这不仅会影响他们的生活，也会对整个社会带来意义深远的变化，这需要由"只要做就能成功／必须做"的观念锻造出的身体与（作为动词的）故事（超越生产原则的）和游戏这两种因素产生良好的化学反应！但是这个问题不应只交给当事者本人，地区社会和国家也需要长期考虑这个问题并给出相应的措施。

老年社会福祉学在规划幸福且有意义的老年生活时，通常会考虑一个人在各个生命周期所拥有的不同资源，包括健康、金钱、社会关系等，尤其是进入老年期后日益丰富的时间资源。[1]时间资源的使用情况也会影响到其他资

---

[1] 石才恩，《超高龄、低增长的两极化社会，老年的资源和文化》，《新老年文化与社群生活》（未来论坛资料集），2015，5—23.

源的总量，因此聪明才智显得尤为重要。在和李英旭的交谈中，我细细斟酌了一个想法："摆脱经济生产的原则，获得更多时间的老人有可能做好的一件事就是去集会现场。"我完全获得这一认知是在2014年"世越号"惨案发生后，在首尔市政府前举行的一次集会现场上。

6月的一天，设立在市政府前的祭奠处点缀着无数黄丝带，它们就像还未盛开的花蕾，不，更像还未凋落的花朵。参与集会活动的歌手用已沙哑的声音唱完歌，遇难者家属陆续走上台。广场上的其他参与者退到两边给遇难者家属让出了通道，由此走上台的遇难者家属们哽咽着说"谢谢"。此时大家的情绪都很低落，用沉默转达着彼此之间的情感。当遇难者家属走下台的时候，大家又让出了一条通道，而且全体起立向遇难者家属送去了掌声。有些遇难者家属难掩泪水，一直低头擦拭眼泪。

就在这时，两位穿着朴素、头发花白的老年男性哽咽着抱住了正在通过的遇难者家属，

轻轻地拍打着他们颤抖的肩膀。我看着那些悲恸欲绝的遇难者家属，也想靠近他们，安慰他们，告诉他们我们与他们同在，但我没有想过自己有没有能够拥抱他们的怀抱。也许在场的很多人都和我的心情相同。我们都希望用尽可能温暖的方式安慰遇难者家属，但也许都没有想到自己会有这样的怀抱。那两位老年男性的举动完全没有让人觉得多管闲事，反而无比自然，自然得让在场的其他人都感到了慰藉。

"就算不是我的子女"也可以久久地等待，"就算和我没有密切的关系"也可以拥入怀中，也许在前近代共同体中，这是很自然的事。但是当前的社会分工、福利费用体系已经通过缩减福利，助长了不同年龄层的矛盾，而这种新自由主义的统治方式用非常浅薄的物质主义的统计数据缩小老人的地位和作用，媒体也对塑造新型老年人的形象表现得十分吝啬。但生态界的真理就是老年人获得了整个生命周期中最为富足的时间，我们要让老年人在这段时间里，从事"不与时间竞争"的工作。

老年人的怀抱

2014 年在首尔市政府前目睹了那个场景后，"老年人的怀抱"这一形象就嵌入了我的脑海。我意识到只有老年人才能去拥抱那些需要安慰的人。这种怀抱用钱买不来，也借不来。学者们对韩语中的"美丽"（아름답다）一词的词源提出了很多主张，其中之一就是"一搂"，也就是伸出两臂合抱的量或长度。虽然学者们众说纷纭，但我想尊重这个词源。根据这个词源，当人伸出双臂拥抱他人时，是美丽的。按照这个解释，不再需要从事有偿劳动或履行血缘义务的、不再需要为成功奔波忙碌的老年人可以成为最美丽的人。老年人失无可失，也没有特别要做的事情，也许他们的怀抱才是最无私的。

康德将审美的经验定义为"不涉及利益

的兴趣",我们可以从多个角度找出这一定义的局限,但如果将其理解成毫无私心地拥入自己的怀抱,情况可能就不一样了。对年轻人而言,划清与他者的界限是对他们的利益最重要的,而走近这些年轻人并拥抱这些陌生的身体,并不是一件易事。但是那些因上了年纪而习惯了遇见陌生"自我"的老年人,也许就可以更坦然自在地做这件事。老年人的怀抱拥有一种年轻人不具有的,充满鼓励、安慰、赞美的力量。

但是也并非一定要双臂拥抱别人,只要和那些人并肩"一起呐喊"就算得上一种"拥入怀抱"了。"如果能邀请那些陷入孤独的老人来到广场该多好,如果老年人能够接受这个邀请,欣然穿上鞋一边跳着舞一边走出家门该多好!"我时常这样在想象中扩展"怀抱/拥入怀抱"的意象。但现实并非如此,多数情况下,老人选择走上街头并不是为了与弱势群体团结起来或者是为了实现社会正义,而是(像父母联合会现身"世越号"遇难者/遇难者家属/幸存者的示威帐篷所在的光化门广场那样）为了将边缘化、排挤、不安投向错误的方向。这一现实甚至会使原本对厌老持批判态度的人都内化厌老情绪。

老年人自己和其他年龄段的人都需要唤起老年人的政治力量。尽可能做到不缺席集会的李英旭深切感受到"与教友们的距离和差距正在扩大"。他在教会没有同龄人，集会现场也没有同龄人。他偶尔会邀请朋友一起参加，但完全没有任何效果，相反还免不了被朋友数落一句："你啥时候才能成熟啊！"与他同龄的老年或年轻的亲友并非觉得"去集会现场大家一起喊口号"不足轻重，而是对集会的意义持怀疑态度："那又能有什么变化呢？"

对现在的他来说，"通过抵抗感受存在的价值"已经成为他自我认知的核心内容。但是这种活动通常会和与家人出行游玩的快乐、偶尔与朋友爬山或去公园散步、终日坐在围棋盘

前以小小的求胜心度日的日常生活发生竞争关系。而这所有的活动又与孤独、无聊互相竞争。回想本章前面的内容，这种竞争又是对"不要等待"的忠告表示低头的结果。这正是为什么需要重新思考等待所内含的政治性，即等待的对象和地点、等待的幅度。"为了生活，为了不依赖别人独立生活"而不得不选择成为教师的李英旭过去经常觉得无奈，想尝试新的东西，而到了七十岁以后，他通过"一起呐喊、一起等待"获得了解放感。不论他的余生还剩下多久，这份等待不会太长，亦不会太短。

旅行成为享受自由的另一个方法

最后我们来说一说时间资源丰富的李英旭享受到的另一个自由。能让他享受自由、步履坚定的方向就是旅行。他的旅行不是随着游人到景点拍照、购物，而是到与自己的居住地完全不同的地方，与当地人一起生活一段时间，这就是他退休后追求并付诸实践的旅行方式。

为了打破夫妻间的僵局，两人策划了一场东欧背包旅行，这是他第一次真正尝试向往已久的背包旅行。在为期四十天的时间里，六十中旬的一对夫妻背着行囊奔走在多个陌生的地方，呼吸陌生的空气，这对他而言意义深远且值得自豪。他们下了很大的决心策划并实践了这次背包旅行，结果发现两人"无法继续生活在一起"，这才是那次旅行的真正意义。他们一起生养三个女儿，这次旅行就像一场"过渡礼仪"，既是对这段共同生活的收尾，也是各自走向新生活的开始。他后来慢慢体会出这才是那次旅行的真正意义。

第一次旅行后，他仍然对背包旅行抱有憧憬，而这一憧憬把他带到了斯里兰卡。

大概是前年，我在地铁里碰到了一位斯里兰卡青年。他来韩国工作，三十九岁的年纪已经有了三个孩子。据

说那里的人结婚都比较早。我本来计划到印度南部旅行，但是跟他结识之后，改去了斯里兰卡。

偶然在地铁邂逅的斯里兰卡人说自己的祖国斯里兰卡风景优美，听说李英旭要去旅行，就答应给他介绍自己的朋友。在地铁里偶遇一位斯里兰卡"朋友"，使他的旅行目的地一下子从印度变成了斯里兰卡。

但他真正把这位斯里兰卡青年当成"朋友"是在他落地科伦坡的班达拉奈克国际机场，见到了前来接他的里桑特一家之后（里桑特就是那位斯里兰卡青年的朋友）。三十九岁的里桑特带着妻子和三个孩子在机场迎接他，俨然一副接待贵宾的架势。住进里桑特的家后，他才得以深入了解斯里兰卡当地人的生活。

有一次和他去了他的老家，见了他的家人和亲戚。当时举办了一年一度的大型佛教法事，请来了十几位僧人说教，进行了整整两天。吃饭的时候，僧人们围坐一团，他的家人依次来到餐桌前夹菜放到僧人们的碗里。他们给徒脚走路的僧人们洗脚，盛情接待僧人们。我在那里确实体验了不少新奇有趣的经验。我第一次像他们那样徒手吃了饭，发现饭里除了米的味道，还有手的味道。当然，语言沟通是不太顺畅，都是"指手画脚"，听不懂看不懂就笑一笑，基本上没有什么大问题。

里桑特在斯里兰卡最宜居、风景最美的高山地区努沃勒埃利耶经营民宿，曾以劳动者的身份到韩国工作七年。当李英旭问他："你在这里不是过得很好吗，何必到别的国家打工呢？"里桑特回答说是为了学习技术，幸运的是在韩国碰到了好老板，学到了想学的技术后回了国。

在地铁里碰到的斯里兰卡青年之所以能够

毫不迟疑地将朋友介绍给他,里桑特之所以又能热情地接待他这个老年男性,这在一定程度上是因为他们在韩国生活期间感受到了人们的"善意"。而且里桑特和那位在地铁邂逅的斯里兰卡青年在韩国以外来人的身份生活期间,是否感受到他们的"老板"、同事以及其他韩国当地人的"欢迎"直接影响着他们这些外来人的生活质量和安全,也希望有机会可以作为当地人向韩国人予以善意的"欢迎"。刚好有了这么一个机会,经济条件也允许,所以这次是在斯里兰卡,他们成了"当地人",李英旭成了"外来人",展开了一场角色互换的剧情。

如果李英旭对陌生人、陌生地没有充满好奇心,也许他去斯里兰卡背包旅行的佳话就不可能发生。在整个社会对东南亚劳工蔓延着消极"传闻"的情况下,李英旭还能对"皮肤黝黑"的年轻外来劳工表示好奇,这一点在上了年纪的韩国男性身上实属难得。

上了年纪后还能维持好奇心是老年人获得

生机和"朝气"的重要源泉。同时，在父权制社会中，相比女性，男性更难培养好奇心，因此他到了老年期还能保有好奇心，确实十分可贵。李英旭的斯里兰卡之行不是偶然的好运促成的，相反这件事为我们提供了一个先例，让我们看到上了年纪的人能追求和能得到的自由具有怎样的弹性。他对陌生的人、事、物怀有好奇心，由此产生的自由使他获得了超越年龄、种族、国籍的友情和"在异地发现自我"的幸运。而这份老年期得到的幸运不是为了成功、投资、征服或出于自恋的体验，而是关于人生所固有的时间性，因此更值得关注。

　　里桑特还向李英旭提议到斯里兰卡生活。努沃勒埃利耶海拔一千九百米左右，一年到头气候和韩国的秋天差不多，而且附近还有湖泊，气候清爽。在逗留期间，他听说斯里兰卡有很多人想学韩语，所以产生了如果能边在首都科伦坡教韩语边在努沃勒埃利耶生活就好了的想法。那里气候宜人，其他各种条件也都很

好，而且最吸引他的是斯里兰卡人的笑脸。但他还要照顾老母亲，短期背包旅行还可行，长期在外生活就不现实了。他在里桑特的家里吃住了好几天，在斯里兰卡度过了愉快的十五天后回到了韩国。后来里桑特到韩国出差时，他也极尽地主之谊，盛情款待了里桑特。

回首过去，他总是对没能选择的"另一条路"抱有遗憾。他渴望新的经验，也有很多想尝试的事情。他甚至想尝试起死回生或者体验一把乞丐生活。到了七十岁，（不论是否出于他的本意）卸下所有的头衔、标签、职级后，他终于可以在"别无所求"的状态下，去做真正"热爱的"事。剩下的人生说长不长说短也不短。相信他会在余生中，不再对"另一条路"抱有遗憾，而选择虽平淡却没有遗憾的"这一条路"，在集会现场一同呐喊、一同等待，踏上通往陌生远方的旅程，迎来新的邂逅。

© 尹锡男

6. 竭尽全力与时间赛跑:"我想一直活跃在一线,最后成为'匠人'"

——与所有生命体互相感应的女人,
尹锡男的故事

2015年4月21日首尔市立美术馆举办了尹锡男个人画展《心脏》的开幕式。[①] 这次画展展示了她整个创作生涯的众多代表作品,包括20世纪80年代的早期作品以及此后近三十年来的作品。通过这次画展,人们不但可以了解女性主义画家尹锡男的艺术精神和方式,还能感受她的追求乃至人格。踏足美术界以来,她始终心怀"初心"投入创作,此次《心脏》

---

① 首尔市立美术馆策划了"SeMA Green"系列画展,呈现那些对战后韩国美术界做出重要贡献的元老级画家的艺术世界,尹锡男是入选该系列的第二位画家。

画展对她个人、对过去三十年来追求女性主义理念的众多韩国女性都具有非凡的意义。

  当天的开幕式结束后，还举办了一场简单的聚会，那些平日里就关注尹锡男的女性主义者和她的一些朋友参加了那次聚会。大家围坐在尹锡男周围，谈起自己眼中的尹锡男，就好像对恋人表白心意，依次呈现了多篇长短不一、粗细有致且充满爱、信任和敬意的"表白信"。她既难掩羞涩，又对大家隆重的热情和爱意激动不已。在场的所有人都沉浸在喜悦之中，就好像看到了"美好人生"的典范。

  她和那些在场的人或是朋友，或是同事，或是工作伙伴，这种关系保持了二三十年，可以说是一起慢慢变老的。在长达二三十年的时间里，她们形成了一种代际间互相传承的理念和信任，即便彼此间有过矛盾、分歧、冲突，这份理念和信任仍然滋养了这群志同道合的人。在不愿承认差异和他者性的韩国社会，她们以女性主义的名义发出了强有力的质疑之

声。画家郑恩瑛这样记录了当天的感受：

> 我是1993年上的大学，入学第二年校园内就掀起了女性主义运动，我就是在女性主义的庇护下长大的。我虽然不是女性运动最积极的参与者，但作为校园女性运动的第一代受益者，自认为与充满聪明才智和正义感的前辈和后辈们度过了美好的时光，这是我青春的幸运。后来我又追随众多开辟女性主义艺术道路的文化艺术界前辈，在对她们"爱憎交织"的情感中日渐成长起来。在代际差异与女性主义的话语和实践中，我经历了无数的差异。二十多年后，我的女性主义在无数外在和内在敌人的双重打击下渐渐受损。
>
> 我今天去参加了尹锡男老师个人画展的开幕式，和那些过去既让我们欣喜又让我们愤怒的女性主义前辈欢聚一堂。

那种感觉就好像参加当时女性主义工作坊的一个环节，互相自我介绍、交换想法。令我意外的是，我的心中只剩下对她们的敬意和感恩。看着她们已不再年轻的脸庞，我向她们表达了谢意，感谢她们过去的栽培。这样有些不好意思，但我真的是这么想的。

尹锡男年过四十才进入艺术界，现已七十四岁，其间从未打破过朝九晚九的工作作息。正如画家查克·克洛斯（Chuck Close）的那句"总把灵感挂在嘴边的都是些外行"，[1]尹锡男就是通过不断地阅读、想象和尝试去发现和呈现灵感。

《心脏》呈现了她过去三十多年的艺术旅程，里面的每一件作品都是她精益求精的见证。从学毛笔字到绘画，从绘画到木画作品，再到"艺术墙纸"与房间布局、制作一千零

---

[1] 安德鲁·祖克曼，《智慧》，李京熙译，2009，51.

二十五只被遗弃的狗,她的作品中有一种始终如一的耿直。尹锡男就是用这份始终如一去拥抱世界、融入世界,同时又走出这世界,去追求"美丽世界"的变化。她认为美源于"心脏",因此她要用心脏去感受、去相处、去哭泣。这就是尹锡男为缅怀济州岛巨商金万德的一生制作红色心脏"金万德的心脏是眼泪"这一作品的初衷。

我初识尹锡男是在1993年,这二十多年来我眼中的尹锡男既是女性主义的同志、艺术从业者,也是朋友。二十年的时间并不短,但是这期间我从来没见过她"不美"的样子。她的美最强烈地表现为她的追求和好奇心,但其实她本人就是追求和好奇心的化身,所以在这里强调她的眼神或表情也许没有什么意义。

对她来说,工作就是玩,玩就是工作。阅读、观察、学习、旅行、跳舞、沉思、触摸、雕琢、画画,这些就是她的存在状态。对包括我在内的"所有"后辈来说,她是前辈中"美好地变老"的典范。每当我们这些后辈自问："我在好好变老吗?"就必定会拿出她这面镜子照一照自己。这面镜子告诉我们,美丽并非源自年轻,不美也不是因为变老,无论在任何年龄只要能"坚持自我,并懂得与他人共存",就可以保持美丽。

"我要画出母亲的故事"

上小学的十岁少女锡男了解到这世上还有一种职业叫"画家"后,就知道自己有朝一日会成为画家。在同班同学都用黑色或红色涂鸦时,只有她自己将两个颜色混合起来,画出了穿紫色毛衣的学生。此后她就心怀画家的梦想,确信自己一定会成为画家。直到她三十九岁踏足美术界,少女时代的这一确信在战争、劳动、婚姻等一系列严酷的现实中都没有消失,一直在等待绽放的时机。三十六岁时,她经朋友劝说,开始师从著名诗人朴斗镇先生学

写毛笔字,从此进入了全新的世界,这是她结婚二十多年来第一次"外出"。此前她是一个平凡的家庭主妇,还肩负着照顾婆婆的重担。在学习的过程中,她无暇思考、无暇停歇,完全沉浸在书法的世界里,常常一写就写到半夜三点。她因太喜爱写字而在黑色墨水的世界沉浸了四年之久,她作为画家的才能也开始崭露头角。

当时,她也接触了绘画,但是有些"瞧不上"那些画家的风景画或静物画,而20世纪70年代后期流行的抽象画在她眼里又觉得像穿着"假衣裳"。此时有一个形象在她心中日渐清晰,那就是"母亲"。在强烈的"刻画母亲的欲望"下,她在最初的两年里让母亲坐在椅子上,自己"疯狂地画"母亲。后来她分别于1982年举办了第一场个人画展《尹锡男》(曾经的首尔美术会馆,现在的Arko美术馆)、1993年举办了第二场个人画展《母亲的眼睛》(锦湖美术馆)后,她对母亲形象的热情才多少得到了满足。自那以后，她一直专注于描绘被遗忘的女性艺术家和为那些被遗弃的生命或民众无私奉献爱心的伟大女性。

尹锡男没有受过所谓正规的美术教育，在她获得"李仲燮奖"之前，她的这一背景对画家尹锡男与美术界的关系起到了非常有意思的作用。因为不用顾及学缘或前后辈关系，她可以"不在意别人的眼光"，按照自己的方式画画，而那些评价她的人也无须考虑其他因素，可以自由地评价她。也就是说，尹锡男不是"弘益大学毕业生某某某""朝鲜大学毕业生某某某""首尔大学毕业生某某某"，而只是"画家某某某"。

小学四年级时，她就已经发现自己在色彩方面颇有天资，并确信会成为画家。此后她独自培养和拓宽了自己对美术的理解。为了了解时代的潮流，她不但饱读美术相关书籍，还去参加了各种美术论坛，尤其对韩国人的姿容和生活世界的形态表现出了特殊的敏感。看着那

些满是西方画家作品的美术课本和"世界美术史"的群像,她觉得很不自在,开始尝试对着镜子画自己的脸和身体。她渴望从韩国人的体型和面庞里找到美的属性。

深受西方现代美术的现代性理念和实践影响的韩国绘画作品长期缺乏构想与现实的关联性,这是因为西方现代美术移植到韩国是在韩国的殖民地现代化时期,而在这个过程中完全没有考虑韩国当地的历史、生活史的具体脉络,这也是各种艺术实践长期在韩国社会没有或很少有值得重视的象征体系的原因。这一点在美术教育的具体现场显现得尤为明显。[1]

在韩国美术界这种美学的、政治的脉络中,女性很难获得"作为女性,用女性的语言表达女性经验"的意识,极少数以女性作为主体的作品也很难得到与之相应的解读。尹锡男

---

[1] 姜成远,《视线的政治:为了韩国的美术理论》,Sizirak,2004;郑宪二,《作为想象界的美术史:美术史教育中的性别之门》,美术史教育学会,春季研讨会,2004.

无法接受美术界的这种氛围，决心刻画自己熟悉且敬爱的"母亲们"的具体生活。

她的首场个人画展里的作品全都是劳动妇女的身体：常年在海边操劳的双手和坐在箩筐旁的疲惫身体、坐在菜市场的地上，与泛着橘黄色光芒的棕色橡胶盆融为一体的女人们。尹锡男将吸引自己的母亲和"妇女"的生活现场搬到了画布上，这些作品中身体的形态和质感与"雕塑"很相似，后来则用木画的方式表现这些身体。

母亲 I，十九岁

acrylic on wood,
62cmx10cmx164cm, 1993
Collection, Arko Museum

我母亲颧骨突出，长相偏男性，个子高高的，腿很长。当时在《东亚日报》连载《大盗传》的父亲尹白南到母亲家寄宿，对母亲一见倾心，两人很快就结了婚。当时母亲只有十九岁，而父亲已四十二岁。

父亲尹白南是十六岁赴日留学的摩登少年。他以公费留学生的身份完成学业，毕业后因其商科背景，在银行工作过一段时间，后来转投电影事业，但运气不好，没来得及真正开始实践电影梦想，就弃影从文，还好在写作方面取得了一些成就。《大盗传》当年就很受年轻女读者的欢迎，她母亲就是那些年轻女性中的一员。

对女儿锡男而言，父亲只是一个"未能大展宏图的不幸的男人"，而母亲则是她构思新形象的源泉，因为母亲在一切逆境中仍坚守自尊和威严，做到了坚强不屈。在她的记忆中，母亲只有两套衣服，"一套是金黄色锦缎上衣和藏青色丝绒裙，另一套是苎麻布韩服套装"。

与父亲结婚时，母亲只有十九岁，这一点对锡男的艺术创作有十分重要的意义。当年母亲自己还是少女，却成了要生养孩子的女人，此后独自抚养了六个子女，度过了坎坷的一生。十九岁，决定了母亲之后的人生；十九岁，也是尹锡男发现自我的起点。她时常想象着母亲的少女时代，十九岁坠入爱河，后搬到满洲，三十九岁开始独自一人抚养六个子女，她对母亲的这般经历充满怜悯和敬意。

她作品中的主人公从自己的母亲慢慢延伸至各式各样的母亲、在韩国历史上没有被赋予足够的尊严或被遗忘的女性。也许贯穿尹锡男三十多年艺术生涯的核心动力就是表明"母亲"所蕴含的象征意义，并寻找和纪念母亲们的各种功绩。

"爱流泪的女人"和"为了追求离家的女人"

　　尹锡男1939年生于满洲奉天,六岁前都在那里生活。1945年春韩国解放前夕回到首尔。她十二岁那年朝鲜战争爆发,第二年避难到了釜山。对她来说,那次战争可以总结为十三岁那年夏天经历的"苦难"。当时拎着包袱、面黄肌瘦的身影随处可见,他们绝望的眼神似乎在说:"我知道自己的命运,也许再饿上三四天,可能连四肢都无法动弹。"虽然那种日子只有短短的三个月,但当时看到的、听到的和亲身感受到的苦难的脸庞深深地印在她的心里,陪伴她一生。她过了七十岁还称自己是个"爱流泪的女人",可见十三岁的锡男目睹过怎样地狱般的现实,而当时感受到的虚无和愤世嫉俗的气质在她的整个青春期都没有消退。

我不知道能不能用分阶段的方式说明我的过往人生,难道真的能用分阶段的方式解释人生吗?从我的经验来看,朝鲜战争期间,也就是我十三岁到十六岁期间,"我"的大部分好像已经定型了。

战争的经验让她看到了原初的悲痛和凄惨,在她的心里种下了怜悯和恻隐之心。十三岁以后的整个青春期,她一直沉醉在文字的世界里,这为她培养艺术家气质提供了很好的刺激。她的父亲曾在一篇《告民众书》中毫无保留地表现出了左派革命家的气质,受父亲影响,少女时代的尹锡男就开始阅读《少年》《读者文摘》等杂志。《读者文摘》介绍的现代舞先驱伊莎多拉·邓肯(Isadora Duncan)"为追求梦想而离家出走"的形象给她留下了深刻的

印象。①

她十九岁高中毕业，二十二岁和高中同学坠入爱河，经过六年的恋爱，二十八岁正式结婚。和丈夫过了两年"锅碗瓢盆"的生活后，尹锡男与"家"的关系陷入了深深的矛盾中。十六岁时，她的心里就已经种下了"离家出走的女人"，她在"极度的厌倦"中，深陷"存在感蒸发"至零点的感觉。在父权制亲密关系的经济中，唯一允许女性存在的空间——家——里，她不但没能向"外部世界"发出声音，也越来越对与外部世界发生联系心怀恐惧。使"自我"变成"非—存在"的家既是她免遭外部伤害的庇护所，也成为阻碍她走向外部世界的高墙。

更为讽刺的是，在那个家里她没有"属于自己的房间"。婆婆去世后，她继承了婆婆的

---

① 《读者文摘》会用简短的内容讲述一些故事。尹锡男看到的应该是伊莎多拉·邓肯在法国因事故失去孩子后前往莫斯科的故事，文章应该极其戏剧性地讲述了邓肯自由奔放、热情、即兴的气质以及她悲剧的人生、为了追求勇于离开故土的冒险行为。

房间，她时常跟我们讲她获得自己的房间时的自由和喜悦。婆婆的遗体离家后，她第二天就搬进了婆婆的房间，人们问她不害怕吗？她回答："就算婆婆的魂灵在周围飘散，我一刻也不能放慢获得'属于我的房间'的喜悦。"在这个房间里，她可以摆脱"家"的束缚独自呼吸、思考、感受。这个房间带给她的解放感消除了房间与家乃至家与外部世界的对抗和矛盾，使她得以重建"自我"。

尹锡男作为女性深刻感受到"家"在父权制的韩国社会意味着什么，此后"家"成为尹锡男除"母亲/女性"之外的另一个核心主题，多个尖角凸起的巴洛克风格的椅子和撒满粉色珠子的地面、涂满黑漆的木板镜子、穿着锦缎韩服坐在尖角椅或者站在尖角椅旁的女人。这种调度方式形象地将"家"刻画成歇斯底里的精神空间，在这个"家"里，父权制不但对女性/女性气质有一套强硬的要求，还让女性沦为"非—存在"。尹锡男有关"房间"的作品

包括粉色房间、蓝色房间、绿色房间以及白色房间，这些作品透露出她对女性的存在状态和主体性的执拗且持续的探索过程。尹锡男的"房间"从父权制亲密关系的经济束缚女性的监狱演变成女性间团结协作的空间，变成有风有水有草的绿色院子，变成包含现世万物和来世理念的广阔无边的空间，一层层向外扩大延伸。

爱流泪的女人和毅然决然离家出走的女人，这种双重自我的空间最终表现为女性的功绩、温暖的红色心脏，这种呈现方式既有逻辑性，又让人惊艳。拿出自己的全部财产给无以果腹的民众提供粮食的巨商金万德的心脏包含着"无数"红色的泪珠，仿佛随时都可能破裂。

消逝的真实与刹那的时间

爱流泪的女人尹锡男并非只对人类情有

独钟。她对那些被遗弃的宠物狗也怀有深深的怜悯和恻隐之心。她足足有五年多的时间几乎足不出户，以超常的投入完成了1025只木狗。要理解她的这件作品，需要先理解她那由怜悯和共情、决断和执行的双重螺旋组成的性格以及她独特的时间感觉。

在新闻里看到李爱申"奶奶"和自己收养的1025只被遗弃的狗在集装箱生活后，她感觉"下一件作品的主题找上门了"。连生命都成为一次性商品的资本主义风土使她因愤怒而战栗，而对收养这些狗的"牧者"李爱申则使她因怜悯而战栗。尹锡男对被遗弃的狗和李爱申的故事表现出的反应强有力地证明了斯宾诺莎（Spinoza）的情状（affectio）理论，即以"身体自我"存在的人类在受到外部影响后，会在"前—存在"的层面进行感应和变化，再以变化后的状态对外施加影响。

被感应和感应别人是一种能力，"身体自我"需要通过修炼逐渐深化这个能力，这一点

也有助于我们理解她后续在创作和生活中的态度。在那五年里,尹锡男进行了一场"与时间的长跑",而朋友们时常提醒她已步入老年,劝她不一定非要用物理的现实主义表现"被遗弃的1025只狗",也可以选择一种象征性的概念艺术,但她毅然决然地回答:"在创作这件作品的过程中,就算我的生命走到尽头,我也不后悔。"因为朋友们都知道她比谁都在高强度地"与时间赛跑",看着年近七十的她全身心地(拿出一股要殉命的架势)投入这件结果未卜的作品,朋友们的感觉从惊叹变成无语再从无语转为惊叹。

尹锡男制作了两组木狗,每组分别有1025只,共计2050只。在这个过程中,朋友和熟人发现她"与时间赛跑"并不是基于近代以来的时间观——从线性连续的角度盲目相信进步、追求生产。她争分夺秒地工作,并不仅仅是因为她入行晚、年纪大,没有足够的时间,而是作为时间的存在,她希望每一瞬间都能成

© 尹锡男

1025
With or Without Person exhbn. at Beginning of New Era 2009[1]

---

[1] http://yunsuknam.com.

为自己生命的高光时刻。

但在创作两千多只狗的过程中,她本人对自己的时间性似乎有了更明确的理解。在雕琢木块、在上面画出充满个性的具体形象的过程中,她走出"被遗弃的狗"这一抽象且有失伦理的层面,走向了人类与固有生命体——狗在存在的层面上能够合乎伦理地共存的世界。在这个世界里,她成了素食主义者,通过与狗做伴,她又找回了自己曾经失去的对生命的感受能力,现在已经对朝生暮死的蜉蝣都产生了深切的怜悯之情。这种情感使她用平等的眼光看待各个具体生命体的时间性。

这样的时间感觉能够深入她的内心,还有另外一股力量起到了作用,那就是她母亲自然衰老和消逝的过程。看着敬爱的母亲渐渐被时间风化的样子,尹锡男发现了时间的另一个秘密。在这个瞬间和永恒融为一体的时间性的感觉里,她越来越心系渺小的生命。也许她在小生命的身上,更加清晰地看到了"消逝"的真相。

  以后都要活到一百岁了？一百年并不长。时间什么都不是。我看着趴在澡堂水池边沿的蜉蝣就会觉得它很可怜，所以轻轻吹一下，让它飞走，毕竟不能看着它就这么死了。对蜉蝣来说，那一刹那就是一生，仿佛我的一百年。正如蜉蝣竭尽全力活好它瞬间的生命，我也要尽最大的努力活好。我现在唯一能做的就是投入此时此刻，因为每一个瞬间都是一个"终结"。

  她对生命本身的怜悯越深，对金钱和物质的感觉就越淡，这使她更沉迷于创作本身。但这种沉迷与社会的认可、名声、欲望等因素都毫无关系。她只想做画家应该做的事情，希望每一瞬间都全情投入创作。她始终不想放下对自己的质询：我是否尽了全力？

将情感倾注于作品中，最终成为合格的"匠人"

有百年的独孤，也可以有一百根蜡烛点缀而成的女性的画。问题是面对那幅画，"我自己"要感到愉悦。为了这一点，我希望能做到"最好"。有些画作会让人产生这样的疑问："画家是否尽了全力？"我不想成为那种画家，成为众人唏嘘的对象。

四十出头进入美术界以来，她始终希望做一个竭尽全力的"自我"，并为这样的"自我"感到愉悦，她最不希望的就是成为业界元老。她四十多岁才出道，按工作的年份还属"正当年"，但也许是因为她生理上的年龄已近八十，所以人们总是给她戴上"元老"的帽子。但只要还在创作，她就希望一直活跃在一线。能够不成为"元老"的秘诀只有一个，那就是不断地自我否定。一旦开始自我复制，就不可能继续活跃在一线。成为"大师"后的自我复制会得到评论界宽容的对待,一旦陷入这个圈套,再有名的大师,不,越有名的大师就越难走出来。

有一次,她参观了路易丝·布尔乔亚(Louise Bourgeois,1911—2010)的画展后大失所望。画展的负责人用一股"宣传"的口气称布尔乔亚到了一百岁还每天画两小时,但看了作品后,尹锡男觉得画家并未竭尽全力,连运笔都有些断断续续,甚至觉得画家在作品中过量宣泄未经提炼的情感,使看画的人感觉不快。她认为这种水平的画作不应该展示给观众。"自己当兴趣玩一玩,当然没什么不好,可为什么不自己玩,要用展会这种公共的方式展现给大家?"

临近百岁的路易丝·布尔乔亚之所以拿着运笔都不太顺畅的作品在全球做巡回展览,很有可能不是布尔乔亚本人的选择,而是那些想利用她的国际名望在艺术品市场获取利益的

文化产业界人士的选择。我虽然并不赞同文化产业的这种计算，但是能看到高龄的布尔乔亚在生命的最后阶段仍然用红色表现作品也不是件坏事。当然，如果作品的呈现方式不是艺术市场打着"大师"的名号公开展览，而是邻家奶奶边说"这是我昨天画的"边给我看，就再好不过了。

尹锡男之所以如此毫不留情地批判路易丝·布尔乔亚的那次画展，是因为她本人对"画家"的概念有很严格的要求，更是因为她无法忘记布尔乔亚七十五岁那年完成的《蜘蛛》给人的那种震撼。看到蜘蛛的趾甲是用镰刀制成的，尹锡男甚至感受到了一种战栗。二十五年之后，一百岁的布尔乔亚用简单的笔触呈现的是互相对视的男女或在女性胸部和私密部位流淌着的红色花朵。就算将那些失去复杂性和精致性的红色的胸部和性器官解读为人/人性，尹锡男仍然无法接受将这些作品拿到公共的空间进行展览。当然，这份毫不留情的批判不光针对百岁的布尔乔亚，也针对尹锡男自己。她的目标不是成为大师或元老，而只是作为竭尽全力的一线创作者。但如果有一天她不能坚守一线，会怎样？毕竟也有可能事与愿违，文化产业也有可能不断给她扣上大师或元老的"圈套"。

我认为至今尹锡男每次都能在她木质作品的脸上注入新的生命力，其原因就在于这个"圈套"和与时间赛跑。经她雕琢的脸庞每次都像鲜活的精灵，表现出独特的感觉和存在感。匠人的手艺越精湛，这种感觉也就越强烈。在完成木狗作品的过程中，匠人属性在她画家的身份里变得更加坚固，这对她最后的创作必将是巨大的恩宠。

尹锡男十岁就知道自己将来要当画家，但直到四十岁才成为一名画家。她说希望自己一直活跃在一线，最后成为"匠人"。也许到了那个时候，她也会像自己的母亲那样，在生活中、在自己的身上卸下所有不必要的累赘，宛

若惊鸿。她坚守"完整的自我",并尽全力与时间赛跑,以此来告诉她的同时代人、女性、后辈何为"美好地老去"、何为"老年之美",我很好奇到了那时,她会是怎样一位美丽的老太太……

金末海　©郑泽勇

7. 齐心协力的共同体："我这年纪？正是适合斗争的年纪！"
——映射个人与共同体关系的密阳阿婆们的故事

以女性尤其是奶奶们为活动主力的反对密阳765kV输电塔对策委员会向警方、资方坚持对抗，直到2014年6月11日强制实施行政代执行。① 她们的斗争对使去核化成为韩国市民运动的重要议题起到了决定性的作用。密

---

① 反对密阳输电塔对策委员会的奶奶们（以下称为"密阳阿婆们"）是来自平田村、丽水村、位良村、道谷村、谷安村、东和田村、甫罗村、龙会村的六十几岁到八十几岁的老人。2005年她们第一次召开集会以来，一直坚持反对建设输电塔的斗争，直到2014年强制实施行政代执行。目前她们正与其他建输电塔的地区协作，共同开展反核发电所与去核的运动。

阳阿婆们根据自己对农村共同体代际延续的坚定信念，持续斗争十余年。跻身韩国市民运动新主体的密阳阿婆们向人们呈现了十分引人注目且多元的运动主体。她们边打理日常生活边种地，同时为了守护家园和下一代，舍身投入斗争。她们亲自给访客做饭，还十分乐意加强与其他地区运动的团结合作。她们在集会现场发出的响亮声音以及用铁链缠颈表示抵抗的身体，打破了人们心中"年老体衰的奶奶"形象，凸显出她们作为近现代史构建者的女性主体形象。

密阳的苍空：阿婆们的星星照亮了令人难过却珍贵的路

为参与有关密阳阿婆们的口述史项目"花样阿婆"，我与守护在平田村129号窝棚的金思礼奶奶进行了长谈。"花样阿婆"是为了从密阳阿婆们的整个生命周期以及从密阳

地区史的角度综合理解她们的斗争而策划的项目。①

在阅读该项目团队最终写成的文章时，每读一篇文章，都有一些内容让我抑制不住内心的激动。我忍不住抄写那些句子，甚至在上面不停地画圈，又在上面画上三四个星星。"还能怎么办，只能再试试……我死有什么可怕的，不就是死吗？"八十八岁的赵桂顺阿婆守着上东面道谷里，她的这句为斗争"拼命"给我留下了非常深刻的印象，但她讲得又那么平静，使我感觉自己的心脏都要炸裂了。②

我在阿婆们说的这些话上反复画圈画星星，突然顿悟："啊，这些阿婆现在这是已经变成了星星啊。她们曾经是土，是石头，现在变成星星挂在了天上。"这样一想，我就开始发

---

① 以下文章写于行政代执行前夕，也就是斗争的高潮期（《密阳的阿婆们，拥抱大树成为星星》，发表在《兴起》，2014 年 3 月 7 日）。
② 在 1 月 16 日纪录片《密阳传》上映后召开的导演与密阳居民的对话中，提到最近密阳居民的心理不安与死亡冲动指数非常高，十人中有一人处于有可能企图自杀的心理状态。

现阿婆们的星星显得无比悠然，越看越蜿蜒深远。她们的光亮离得那么近，近到我们触手可及；但同时又那么深邃，所以长久地凝望也不会伤到眼睛，只会让人产生想与她们共同流淌的真心。阿婆们的星星在怨恨中擦亮眼睛，现在如合唱般一起欢笑。她们的笑声似乎包含着大酱那又涩又甜的味道。

星星是闪耀的，之所以称为星星就是因为它的闪耀。星星就是通过闪耀向人们招手、微笑，还能成为给人指路的地图。在漆黑的深夜迷路时，我们会仰望天空。当无法摆脱某一念想而内心混乱时、当绝望缠身而悲恸欲绝时，我们会仰望天空，数着星星。当觉得自己孤身一人时，我们会看着星星落泪。不同的心境下看到的星星也是不同的。或许我们在日常生活中最为渴望的，就是在漆黑的人生路上能够陪伴我们的星星。

"那个时代是幸福的，布满星辰的天空是可通行的各条道路的地图，这些道路都被星光

照耀着。"格奥尔格·卢卡奇（Georg Lukacs）如此形容现代个人失去共同体的生活方向后各自寻找人生出路的疲惫。[①] 人们要在漆黑的深夜开始旅途，但身上连张地图都没有。到底要走哪一条路？要在哪里停下？再走向哪里？……就算系紧鞋带，也无法驱散心中的惶恐或困惑，只想瘫倒在地上大哭一场。卢卡奇将这种存在的状态称为"先验的无家可归"。失去遮风挡雨的栖息地，即失去家园的现代人，很有可能会处在漂流或无意义的反复之中。

无须提及复杂的历史哲学，我们就能明白，当前我们所处的时空中，终极的目标和意义不再对所有人不言自明。在这样的情况下，如果说有可以适用于所有人的唯一意义，那很有可能就是被强制的规范或被强加的共识。作

[①] 格奥尔格·卢卡奇（Georg Lukacs），金敬填译，《小说理论》，文艺出版社，1916/2007［韩译本］（中译本：《小说理论》，燕宏远、李怀涛译，商务印书馆，2012，51—52）.

为被强制的规范或被强加的共识的"唯一意义"很容易转变为暴力。

其实这种情况在近代以前——被认为自然与人、个人与共同体之间的关系处在协调与交融状态——也是一样的。共同体给出的地图不可能成为共同体内"所有"人（共同体外的他者自不必说）先验的家园或保护伞。所以我们无须慨叹天空的星星不再闪耀，或没有我们可传承的地图。智慧的旅人更应该转向新的星星和新的地图。仔细观察，会发现悠然闪亮的星星比想象的要多。按照这些星星的指引前行，也会发现不少道伴。对我来说，密阳阿婆们就是这样的星星。这些星星汇成银河照亮的道路无比珍贵。

"我这年纪？正是适合斗争的年纪！"

"密阳阿婆们"成了一个象征符号。在密阳进行斗争的人群中，也有阿公，也不乏更年

轻的人，很多从四十几岁到八十几岁的人都参与了这场斗争。但是那些与强大的资本和国家暴力对抗的人都被纳入了"阿婆"这一范畴。

韩语词典对"할매"（阿婆）的解释是"할머니"（奶奶）的方言，但是两者在语感上有些不同。"할매"（阿婆）一词似乎包含一种可以打破程式化的调皮劲儿，抑或在人生的具体现场积累的品位与质感，"할매"（阿婆）这一

金思礼　ⓒ 郑泽勇

身份包含一种正统或主流所不具备的非主流的操演（performativity），"密阳阿婆们"就表现出了非常丰富的操演。

　　阿婆，尤其是那些来首尔参加静坐示威的阿婆都以能说会道、能歌善舞而闻名。我见到的八十六岁的金思礼阿婆说："去首尔静坐时，发现他们放的音乐很好，所以我就跳了一段舞，那些修女很是喜欢。"（她表示只要音乐不错，再有一个"会转圈的"舞伴，自己随时都能跳吉特巴。）也有一些阿婆平时不善骂人，可一旦情绪被触动，就会表现出十足的骂人"能力"。其实她们能做的只有用手脚抱紧大树或躺倒在挖掘机前，因此在现场"骂人"的作用显得尤为重要。

　　为了应对紧急情况，阿婆们还亲自挖出深洞，在旁边建上可以住下数十人的临时居所。她们一边在里面烙茄子饼、南瓜饼，腌苏子叶，一边静坐示威，如果需要去外地静坐，就在车里面唱歌跳舞。我很震惊她们能有如此的

操演。在典型的城市"奶奶"身上很难看到密阳阿婆们散发出的这种力量。阿婆们很喜欢一首歌，后来干脆把这首歌定为自己的"斗争之歌"，那就是《我这年纪怎么了》。

斗争还分年纪吗？
同样一颗心，同样的感觉
只有你是我真爱
眼泪止不住，我这年纪怎么了

密阳阿婆们　　ⓒ 李相范

正是适合斗争的年纪
一天偶然看到镜子里的我，
岁月啊，走开吧
我这年纪怎么了，正是适合斗争的年纪

她们将原词中的"爱"换成了"斗争"，看着这些又唱又跳的阿婆，在附和她们的同时，发现眼泪不知不觉间浸湿了双眼，因为或多或少都能感受到她们在定下这首"斗争之歌"以前遭受的"痛苦与愤怒"的艰难时光。

我无法忘记在府北面第127号窝棚碰到的一位坚守人说的话。"密阳的斗争故事分三个阶段。从外地来短暂停留的人顶多知道第一阶段，怎么可能知道第二阶段、第三阶段的情况？"所谓"第一阶段"应该就是媒体经常报道的内容：居民主张对家园的权利、为抵抗韩电①的暴力进行斗争的场景、核发电的问题、

---

① 译注：韩国电力公司的简称。

去核的必然性、环境保护、给下一代留下遭到污染的生态环境……这些无疑是了解密阳所必须提及的问题。

那么第二阶段、第三阶段指的是什么？我无法准确描述，只能大概推测。围绕赔偿与斗争方式的纠纷；看着昨天的同志今天站在"对立面"时的无奈；每天都需要用身体完成的多个角色；当地土著与外来移民之间看得见或看不见的界限；从韩电"家伙们"那里遭到的侮辱等，我们的确无法完全理解长期以来给她们带来巨大痛苦的内心故事。

但是听着她们的讲述，看着她们满是褶皱的脸，对她们有限的理解丝毫没有减少我感受到的震撼。在她们的故事中，在她们的面庞里，有一股坚定的意念和平静的放弃，以及经过日常生活磨砺出的酣畅的微笑。她们的人生在长达十年的斗争带来的伤痛与愤怒之中，不断变化、日趋成熟；她们对自己人生的理解和解释；她们通过这一理解和解释所到达的自我理解；今非昔比的邻居关系。这一切都让人震撼！

因为拼命斗争，所以没有遗憾

"我们尽了最大的努力，可如果还是要建输电塔，该怎么办？"随着眼前建起一座座输电塔，阿婆们的额头上始终挂着这个疑问。即便如此，今后再在任何地方建输电塔都不会那么轻松。通过十年的斗争，她们精疲力竭，"那些人"渴望看到的也正是这种情况。一觉醒来，就发现新建了一个输电塔，再一觉醒来，又发现一个输电塔。她们已经无力坚持，对生活也不再憧憬，只剩下叹息："这些建起来之后，我们还能在这里生活下去吗？毕竟一睁眼看到的就是这些遮挡视线的怪物。"

离阿婆们的家不远的地方正在修建一个个输电塔。风大的时候，还会发出飕飕的声音。

将来估计不只要建输电塔。"后面肯定会像蜘蛛网一样密布。"看着遮挡视线的输电塔,阿婆们低沉地诉说着。

这就是我们要如此拼命斗争的原因。如果没有斗争,眼睁睁地看着这一切发生,我们该有多后悔。为阻止输电塔,我们斗争了那么久,可输电塔还是进来了。但是我们斗争过,现在没有办法,用我的力量没有办法解决,所以也没什么可说的。我们尽力斗争过无数次,没日没夜地斗争过。

就这样,阻拦输电塔的斗争成为与自己的斗争。因为斗争过,所以没有遗憾。她们穿的斗争马甲上佩戴着一个圆形的小徽章,上面写着"阿婆来了"。她们疲惫的身体似乎片刻就能倒下,但她们坚持拖着疼痛的双腿在华岳山上来回奔走,亲自实践着自己的"八字"。就算因为艰难的生活，手指甲和脚指甲都破了，但这就是奶奶们的生活，因此她们希望将自己的生活坚持到最后，坚持到最后一刻。

八十六岁的金末海阿婆说，她经历了日据时期、大东亚战争、朝鲜战争和"红色时期"，但这样的战争还是第一次经历。或许对她来说，眼下试图修建输电塔的韩电人员或警察才是损害她"八字"的，不，连八字里都没有的暴力行径。

我生在这里长在这里，在这里经历了朝鲜战争，也目睹了各式各样的战争，但从来没有像现在这样。现在这就是战争，最大的战争。从我长出头发以来头一次看到这种战争。日据时期因为缺粮，来这里搜刮粮食，没有衣服穿的时候光着身子跑来跑去，大东亚战争时期担心上了战场挨炮弹，"红色时期"是那些共

产党半夜敲门要粮食要饭菜。但是现在这个是没日没夜，也没有固定时间，很是磨人。看巡警那副样子，真是让人心焦。看不下去，看不下去了。……日据时期以来，政府没给过我任何帮助……没有一天觉得这是我的国家。①

再怎么说是八字，也没有这么曲折的。金末海阿婆如此回忆大儿子去越南参战时内心的痛苦。

> 送走儿子后，晚上睡不着觉。当时白马部队、梅花部队去越南死了不少人。儿子去了越南的人家哭个不停，也没少挨饿，所以就干更多的活。睡不着觉，就纺丝织布，一干就是一晚上，还一边哭一边唱。

---

① 密阳口述史项目，《活在密阳：来自密阳的十五首阿里郎》，五月之春，2014，37—39.

"有的人八字好得很，过得意气风发，我这个八字是什么烂八字，再怎么努力也没啥福……

不知道我妈妈当年为什么吃着蔬菜喝着水，竭尽全力把我生了下来，把我生了下来。"①

八字即命运，是归属于自然的生命体别无选择地进入神话奴役的周而复始的桎梏。在历史上的理性力量还不能积极解体这一桎梏时，我们会谈及八字或命运。但就算这一桎梏周而复始，也绝非没有任何可以摆脱这一神话奴役的出路。本雅明认为就像古希腊悲剧中的英雄，人的创造精神始终蕴含着能够摆脱神话奴役的能力。在他看来，只存在罪与不幸的秩序不是命运，而是法的秩序。法的秩序虽然号称

---
① 密阳口述史项目，《活在密阳：来自密阳的十五首阿里郎》，五月之春，2014，25。

正义，但只是继承了命运秩序的神话残余。"法的判决不是为了让人接受刑法，而是为了让人犯罪。"他的这一表述无比正确地表述了当代新自由主义治安国家的法的秩序。①

我们参与2008年的烛光集会、密阳、江汀、双龙汽车被解雇劳动者的斗争等大大小小的抵抗或斗争集会，反复目睹了法的秩序通过盲目的罚款/刑法所带来的罪与不幸的命运。试图理解阿婆们的"八字"时，让我们感到意外的是阿婆们在经历了"各种各样的战争"、没受到政府任何帮助的情况下，通过齐心协力支撑了自己的八字。本雅明提出可以摆脱命运的力量是精神和语言，而阿婆们强调的是齐心协力。虽然生活艰难，要做的事情太多，但是密阳阿婆们通过齐心协力过得"非常和美"。

然而动摇这一齐心协力共同体的正是资本和国家的暴力。正如金末海阿婆的证言，这个

---

① 《叙事·记忆·批评的位置》，崔成万译，Gil，2012［韩译本］．

从未让她感觉这是"我的国家",不,从未让她体会到其存在感的国家突然打着资本的逻辑即法的秩序的旗号,挥舞着暴力破坏了她们的家园。在密阳上东面丽水村的妇女会长、年轻的金英子"阿婆"(五十八岁)看来,在数字媒体时代急剧增加的孤独浪潮中,齐心协力共同体的"共生"上升为银河。

> 我当妇女会长之后,会参加一些志愿服务活动,觉得很开心,之前就很想参加这些活动。我一直就想着如果我有钱了,一定得帮助身边那些比我困难的人,但是一直以来我的生活也不宽裕,所以也没帮到别人。日子还过得去的时候,就请上了年纪的老人吃顿饭或给老人擦洗身体,带她们去澡堂搓背什么的,上了年纪的人好像很喜欢这个。
>
> 对我来说,邻居比谁都强。我怎么也忘不了我发生交通事故的场景。我们

洞有一个腿脚不好的邻居，我们去澡堂洗澡的时候，会轮流给她洗身子。后来有一阵我因发生交通事故而没法走动，只能在家待着。有一天，她拖着不便的身体、夹着给我带的饮料一瘸一拐地来到我家。我没办法忘记那个场景。

　　有这些邻居我很感恩，但是自从参与输电塔斗争，我们就因为琐碎的事情发生矛盾，这让我非常难过。……我们可以通过对方互相获得力量呢。如果是自己一个人，该多孤独啊。①

　　面对日渐遭到破坏的社会安全网络，为了构建更有希望的未来，全国各地都在努力构建社群。可是密阳的情况如何？与资本结盟的国家不正在破坏原本安然无恙的村庄，使邻里成为敌人？阿婆们与自己的八字进行和解，不

---

① 密阳口述史项目，《活在密阳：来自密阳的十五首阿里郎》，五月之春，2014，243—244；朴培日执导，纪录片《密阳阿里郎》，2015.

金英子　©郑泽勇

屈服于八字,通过齐心协力将八字转变成历史,因此她们对自己过往的人生遭到如此践踏和破坏愤怒不已。能够使密阳阿婆们团结起来抵御输电塔这一怪物的正是这一"愤慨"的力量。

　　这一愤慨的感觉既是愤怒,也超越愤怒。这一愤怒中包含对试图剥夺她们对八字所有权的资本和国家的抵抗。她们选择斗争的理由各不相同:有的是因为答应已故的公公要守住自

家的祖坟，有的是为了留下子女将来随时可以回来的地方，有的是因为无法眼睁睁看着治愈自己身心的大自然遭到破坏。但是奶奶们的斗争中有一种坚定的情感和意志，那就是毕生的意义和价值不能就此毁于一旦，因此无论如何都要抵御外部势力，守住用齐心协力维持下来的"八字之村"免遭破坏。构成阿婆们决断和行为的八字之真实才是历史上民众的人生所内含的提问或真实。

像星星点亮了路

"生死有命。"阿婆们斩钉截铁地说。她们在无比深邃的胸中怀揣着遗书，丝毫看不出"一大把岁数了，还能干什么；上了年纪很孤独；身上没有一个地方不疼，很是难过"之类的牢骚。过去她们"每年通过柿子大米换的钱才买下一亩农田"，而资本的入侵使如此珍贵的农田变成了无用之物，使她们过去因

"买下一亩农田而喜悦的"心情和珍惜都化为灰烬，她们对此愤慨不已。同时也对因受到不顾百姓生活的国家指使而侵犯她们的警察揪心不已。

密阳阿婆们丝毫没有抛弃自己过去的痛苦或悲伤，将这些完整地收入自己的人生，在我看来，这种态度才是变成星星的她们为我们照亮的路。她们不会自我否定，将人生的每一个枝杈都纳入自己的生命，这一简单明了的态度正是因卷入资本和消费而受贫困折磨的我们需要一同制作的全新地图。为了做到这一点，去深深地闻一闻阿婆们的人生所散发出的多元的味道将大有帮助。

> 眼泪的咸味儿，体力劳动的汗味儿、臭味儿、油腥味儿，愤怒与虚脱的味道，因毫无底线地赚钱和挥霍权力的烂味儿，大锅熬出的汤味儿，整洁至极的日常生活的味道，郁郁葱葱的树林和清水的味

道……现在我们所迫切需要的也许就是闻这种味道的能力,以及去发散好味道的能力吧。[1]

---

[1] 柳恩淑,《活在密阳:来自密阳的十五首阿里郎》,《提升人权》,2014.

郡司真弓

8. 了解日本社会的老年人："在互联中扩展"

——活动家郡司真弓和媒体人田嶋阳子的故事

日本于 1970 年进入老龄化社会，二十四年后进入老龄社会，自此十二年后又进入超老龄社会。1999 年韩国进入老龄化社会，据预测，韩国的老龄化速度将超过日本。65 岁以上人口占总人口比例超过 7%，就称为老龄化社会；超过 14%，就称为老龄社会；超过 20%，就是超老龄社会。正因如此，韩国在考虑老龄化现象、从政策或社会文化的角度分析老年问题时，会从多个维度参考日本的情况。

2015年，日本战后第一次婴儿潮（1947年至1949年）时期出生的"团块世代"迈入六十五岁。早在团块世代快要迈入六十岁的2006年，日本政府就制定了《高龄者雇用安定法》。在此之前还制定了《高龄社会对策基本法》（1995年）以应对超老龄社会。日本政府为应对超老龄化社会制定的一系列政策可以概括为"注重对老年人的社会保护，但要求有能力的老年人自己负担""引导并支持老年人尽可能延长参与经济活动的时间""创造条件使退休的老人尽可能参与多种社会活动，缓解老年人被边缘化和孤立的问题"。[①] 近年来将雇用年龄上限延长至七十岁的日本企业也在逐渐增加。

团块世代经历了20世纪80年代的泡沫经济、20世纪90年代泡沫经济的破灭以及此后的全球经济危机等多次艰难时期，他们在克服

[①] 林茂松，《超老龄社会日本的劳动市场和劳动政策：通过十二个问题看当今的日本和未来的韩国》，韩国劳动研究院，2012，116—117.

逆境的过程中积累了丰富的知识和经验,因此继续雇用他们的问题在构建"终身劳动者社会"的层面上很受关注。具有较强经济实力的团块世代在正式退休后,将以怎样的方式度过仍然需要参与社会劳动的余生?这是超老龄日本社会十分关注的问题。

日本有两句俗话:"年轻人穷,老年人富""克服长期经济萎靡的钥匙掌握在管理家庭金库的老人手里"。由此可见,带动战后经济奇迹的团块世代高龄人群的经济状况大体良好。团块世代约有270万人,其中经济困难的人数占比约为26.4%。日本社会近年来出现了多个用来形容年轻人的词汇,例如,啃老族、飞特族、下流志向、悟世代等,生存在急剧变化的日本社会中的年轻人和正式退休后仍然具有超强消费能力的团块世代将以怎样的方式解决代际矛盾,寻找和平共存的方法?这是日本社会亟须解决的课题。

日本社会的老年人形象也在日趋负面。据

我在日本见到的活动家田嶋阳子称，目前"认为老年人邋遢、贫穷、惹人烦"的倾向正在扩散。虽然仍有很多人希望晚年和家人生活在一起，但也有不少人开始认为去养老院等设施通过经济代价换取照料会更加舒适。还有一些无法进入养老设施的独居老人很有可能会面临健康、经济、孤独等众多问题，其中最为严重的就是"无缘"问题。

从老龄化社会到无缘社会

2010年1月初日本NHK电视台播放特辑节目《无缘社会：三万两千人无缘死的冲击》，该节目通过二十七集内容详细分析了日本社会从"因缘社会"转向"无缘社会"的情况。该系列最后一集的节目名为《制造因缘》，贯穿整个事态的核心。那么我们怎样能使一个对别人失去兴趣或不想给别人增添负担的社会转变为乐意互相牵挂、"互为负担"的因缘社会？

重新回到过去由地缘、血缘、社缘[①]紧密相连的时代已经不可能了，而且不是好的选择。但是当一些普通人失去所有的外部联系，一个人孤独终老并在无人问津中死去的情况成为社会的普遍现象而非个例时，那么这就不只是个人问题，而是共同体的危机。该节目还提到越来越多的日本人正向代替家人处理善后问题的NPO（非营利组织）寻求帮助。这些寻求帮助的人有些是上了年纪的老人，也有不少五十多岁的人，包括从大企业正式退休的男性、"独自生活的"女性等。[②]

目前日本每年约有350名老人失踪，并且需要护理的老人和没有工作的子女同时被社会孤立的情况也呈增加趋势。在十四年后的2030年（除了入住养老院的人或长期入院患者），"一人户"将占所有家庭的40%，终生未

[①] 译注："公司"在日语中称为"会社"，社缘指的就是在职场环境中建立的因缘。
[②] NHK《无缘社会》节目组，《无缘社会》，金凡洙译，Yongohreum，2012.

婚比例也将增至30%。一旦发生失业或疾病，将会迅速陷入贫困，这与日本社会此前的运转方式——按照家庭、企业、公共安全网的顺序运转——紧密相关。淡薄的血缘关系、就业状况的恶化、地区社会内因缘的丧失使社会的最小单位——家庭——更加孤立，而在这种情况下，老年人唯一能做的选择就是下决心"不要成为别人的累赘"。

除了无缘的生或死，其他情况也在恶化，这是因为预期寿命的延长正在使老年人的生与死沦为"负担"。目前日本社会持续增加的"直葬"与这个问题不无关系。直葬指的是没有守夜或遗体告别仪式，直接从家里或医院将遗体送到火葬场的方式，这种方式在东京的占比已逼近30%。这说明人活得越久，认识或记得他/她的人就越少，这说明"孤独死去"正在十分迅速且冷酷地变成现实。这种变化无疑是号称已进入成熟社会的日本亟须成熟解决的问题，因为一个真正成熟的社会，要做到独自

一人既能安心生活，也能安心死去。

　　日本老人口中的"不要成为累赘"和韩国老人口中的"不想成为负担"是一样的，但这两者并非出于自愿，而是别无选择。现在亟须对因为不愿成为别人的负担而日渐加深的"孤立无缘"的现象做出多维度的分析和批判，建立互为负担但同时又相辅相成的互助体系。为此，我们需要改变现有的认识，将个人的生活置于社会生活的大生态之中。下面我们一起来了解一下在日本社会实际生活的老年女性怎样通过自己的实践去克服现实与想象之间的裂缝。

实践生活运动——活动家郡司真弓

　　郡司真弓（六十三岁）出任生活俱乐部神奈川生活协同组合与"WE21 Japan"（以下简称WE21）的理事长一职已经十三年了，她在韩国的生协活动家的圈子里也颇有名气。她曾参加韩莎林合作社（Hansalim）大田生协主办的以"协同组合型企业与地区社会合作的方法"为主题的讲演会；在福岛核泄漏事故之后的2014年，为了参与支持当地农村重建、购买当地产品的活动，再次访问韩国。

当年她访问韩国时的头衔是"福岛支援·人与文化网络的活动家"。对人们提出的"怎样在灾难现场坚持活动"的提问，郡司真弓回答说："在灾难中人们通过思念亲人和朋友，努力坚持活动，用愤怒的能量坚持生活。"在福岛核泄漏事故发生三周年之际，她不断宣传当地灾民和地区居民以及活动家们在一起努力重建家园的情况，并呼吁大家团结起来。①

2013年我前往郡司真弓任负责人的WE21，对她进行了三小时左右的采访。也许六十出头的年纪还算不上"老人"，但是我很好奇即将步入老年的她作为生活俱乐部生协与回收品

---

① 孔静经，《"大田/Hanbat生协"灾难后的世界：福岛人的故事》，2014，http://icoop.coop/?p=6558004.

卖场运动的参与者,怎样看待老年问题。韩国"美丽基金会"[①]最初参考的就是主要经营回收品卖场的WE21模式。1998年建立第一家回收品卖场以来,现已在神奈川县设有五十六个卖场。WE21通过加强回收品卖场之间的联系,为市民直接解决地区环境和贫困、受害女性等问题开辟了通道。与此同时,WE21主张一种超越日本这一国民国家界限的新型全球化运动,通过亚洲女性们的团结协作,开展了一系列基于女性主义和生态/生命感受能力的活动,并用所得收入持续支援资源有限的亚洲女性。

在精神上支援这一活动的就是"公育"项目。公育是一个教育项目,用通俗易懂的方式对人们进行教育培训,告诉人们个人的小实践对邻里、地区、国家、世界、下一代将产生怎样的影响,即个人的实践怎样与社会关系以及公共生产紧密相连。她们的口号——"把个人联系起来,让地区行动起来,超越国家,让所

---

① 译注:韩国的慈善基金会,成立于2000年。

有人互联"——充分体现了公育的概念。

从"活出自我"开始

通常人到老年之后,生活方式会发生巨大的变化。为了在老年期也能坚持自己过去的世界观和人生观,即与自己保持和谐的关系,需要什么样的态度、努力和准备呢?尤其对女性而言,"女性气质"的神话让人们认为管理自己的外在形象是女性的终生任务,因此女性在变老的过程中要经历比男性更多的他者性和歪曲。[①] 那么同在亚洲且父权制程度不亚于韩国的日本社会中,女性要"美好地"变老,最需要的是什么?对此郡司真弓认为"活出自我"是最重要的根本,她认为只有活出自我的女性散发出的美才是与外在美或身体美无关的根本

---

① 关于年龄的增长与社会性别的关系,请参考全希景,《"社会性别年龄体系"与女性的年龄》,梨花女子大学研究生院女性学系博士学位论文,2012。

之美。

怎样活才是活出自我？这一问题无论对谁都是难题。郡司真弓在些许迟疑后，给我讲了她幼年期和结婚早期做家庭主妇时的故事。她出生于前面提到过的福岛县，父亲非常严格，母亲则为子女日夜操劳。看着这样的母亲，她决心："不要像母亲那样生活，母亲的人生算什么？"作为女儿，她并没有站在母亲的一边，而是批判性地与母亲的人生保持距离，并决心"不要像母亲那样生活"，这就是她人生的起点。

与母亲的人生保持距离并不意味着她认为母亲为家庭的付出毫无意义。在韩国也有不少和她同时代的女性在成长过程中下定决心"不要像母亲那样生活"。这说明女儿们发现母亲过于投入家庭以致失去"自我"，因此产生了一种作为女性的恐惧。女儿们看到主管生活领域的母亲在社会中的地位十分不堪，而在家里又强调自己的权威，因此产生了一种深深的怀疑，即母亲的权威是否只是"自我丧失或牺牲的借口"？① 当女性的"活出自我"起步于"不要像母亲那样生活"时，并不一定会向积极的方向发展。但是对郡司真弓而言，她的这个决心成为她在不断追问"何为自我"的过程中形成自我的动力。

结婚初期她就不断向丈夫强调，虽然她是家庭主妇，丈夫赚钱养家，但她和丈夫在家里是平等的。儿时她在父母那代人身上看到了"赚钱养家"很容易被理解成单方面的"抚养"，所以"被抚养"的女性有可能在心理上和现实中都沦为从属地位。因此她希望自己为经营家庭、养育孩子付出的劳动得到合理的评价。作为一个象征性的实践，她在家门牌丈夫的名字旁边刻上了自己的名字。她还对子女们

---

① 艾德丽安·里奇的 *Of Woman Born: Motherhood as Experience and Institution* 的韩译本之所以起名为《母亲不复存在》[韩译本：金仁星译，平民社，1976/1995；中译本：《女人所生：作为体验与成规的母性》，毛路、毛喻译，重庆出版集团，2008.]，其实是作为女儿在发出一种声音：将自己从女性气质神话的制高点——母性——中抽离出来，表明自己的自律和独立。

强调男女在人格上是平等的主体,让子女们明白母亲也需要拥有"属于自己的时间"。她的这种用女性主义的观点启蒙丈夫和子女的态度后来在她参与生活俱乐部生协和回收品卖场运动时转变成重要的女性主义立场。

> 我很认真地告诉孩子们,妈妈的工作时间就到晚上八点,那之后你们吃东西要自己收拾。做家庭主妇的时候,我也要确保自己的时间。回想过去,也许这就是我试图活出自我的努力。只有这样才能获得自信。我认为当我们对自己的生活方式有自信时,我们身上原本自带的美就会自然流露。因此为了谈老年之美,就需要先谈怎样才能形成使女性生活得更自信的环境。

女性因被困在家庭这一玻璃围城里,作为家庭主妇为家人奉献自己,因自己的才能无处施展而陷入抑郁的故事在世界各地随处可见。正因如此，在家庭内部构建"自我解放"空间的女性开始参与家庭外部的活动后，对那些需要兼顾工作和家庭的其他女性提供积极的支持，这在政治上是十分重要的团结方式。正因如此，生活俱乐部生协和回收品卖场的公育最先强调的就是这种支持和团结。

变老也许意味着可以过得比现在更为充实

生于1950年的郡司真弓自1984年进入生活协同组合以来，用十余年的时间学会了"构建组织"。生协是居民自发参与的组织，所以人们的关系不是垂直的等级关系，而是水平的关系。因此女性固有的网络式（web）领导力很适合这样的组织。

她至今无法忘记第一次进入生协时的感动。看到女性们负责组织所有的事情，熟练且富有活力地处理各种问题，她感慨"现在这个时代女性已经可以将自己说的话付诸实践了"。"我在那里看到了梦想变成现实的过程。尝试了一下，结果成功了……我感受到了这种非常好的气氛，那种快感简直无法用语言表达。"她发现生协里的人们把刚刚商量好的内容马上付诸实践，还做得很好！这就是当年感动生协新人的地方。她意识到"这就是自我实现",并开始在生协培养自我实现的感觉。

在利用地区的资源构建社群的过程中,她一直觉得"在做一件很酷的事情",而这种感觉很好,她觉得自己在做有价值有收获的事情。在持续参加地区活动的过程中,她最大的领悟就是"最重要的财产终究是人"。"帮助别人,得到别人的帮助,培养人才",她发现这就是生协一直以来的追求。能够这样坚持以人为本,是因为生协是自下而上的组织。

最初构建 WE21 的时候,她也没有忘记以人为本、自下而上这两个组织原则。在她看来,WE21 与韩国的"美丽店铺"①最大的不同就是 WE21 自下而上,而美丽店铺自上而下。共有三十六个地区组织参与了 WE21,其中几个组织还有多个下级组织。现在(2013 年)她负责的卖场也是一个名为"泉"的地区组织的三个下级组织之一。本部不会对地区组织发

---

① 译注:韩国的公益团体,主要通过销售获赠的二手物品筹集经费。

号施令，就算本部有规定，地区组织也不会遵循，但是本部偶尔会策划一些地区组织共同参与的活动。为了共享一些想法，三十六个组织有时会举办一些讨论会，此时也优先考虑地区女性的决定权。"自己策划、参加并对结果负责的权利"，地区获得这一权利对向女性赋权（empowerment）尤为重要。

WE21注重的不是回收不用的物品并再次卖出，更根本的是为那些前来参加志愿活动的五六十岁的女性提供锻炼的机会，提升她们的业务能力和技术。WE21不是单纯让这些女性来做志愿者，而是尽最大努力帮助那些女性提升能力。在日本，劳动者合作社（Worker's Collective）已将"培养人才"作为劳动者协同组合的重要目标之一。WE21为志愿者提供一定期限的锻炼机会，只要能顺利适应这个过程，就有机会成为肩负更高责任的工作人员。如果发现志愿者不太适合该工作，就会安排志愿者在其他部门学习其他业务。简言之，

WE21的运营方式就是使接受训练的志愿者成为工作人员，这些工作人员又去帮助新的志愿者成长起来，因此拥有较多经验的五六十岁的女性很自然地就成为该组织的主力。

人们来到WE21的动机各不相同，有些是出于单纯想做志愿者的目的，有些是卖场的客人变成了志愿者，有些是因为没有地方可去或没有可说话的人，还有一些人是为了寻找归属感。一些四十中旬的女性是因为丈夫的工作调动搬到了附近，但是周围没有任何熟人，为了融入当地，才来到这个组织。最近有不少女性是因为"不想和退休后整天在家的丈夫待在一起，所以出来"。郡司真弓说："听起来是玩笑话，但对每个当事人而言，这些都是十分迫切的问题。"

这样看来，WE21既是一种形成与实现对抗式公共性（counter-publicity）的空间，也是个人身份认同和社会关系形成联系的具体且物质的场所。来到这里的女性不必担心自己的意

见或情感会被人当成笑话或被排挤,因此敢于发出自己的声音,还能建立自己能够获得支持的确信。在这里获得支持并经历成长的女性成为重要的参照群体,会根据自己的经验将自己的诉求转换成公共议题,不断加强自己的自信和自尊。WE21不但会让女性志愿者们获得亲密感和归属感,同时也因此获得了特定的场所性。当我问她今后想做什么时,她回答:"对那些生活在庇护所或处在其他困难中的人,我想告诉她们'你们可以选择新的生活方式',然后以实际行动为她们提供具体交流的空间,这也就是WE21今后想做的事。"

认为老年之美在于"活出自我"的郡司真弓给我们呈现的是通过作为女性的自我意识走向自我实践的故事。在这个过程中,自信和自尊是重要的核心,身处这一过程的老年人是美的。她将愤怒转变成能量来组织"福岛支援·人与文化网络"团体,参与福岛的重建工作,由此也可以看出自我实现始于帮助别人和培养人才，即自下而上的组织构建。

变老"并不可怕"，变老也许意味着可以过得比现在更为充实。为此，她说希望做一些"朴素的文化实践"，她自己目前正在实践的是日本的俳句和书法。

为女性人权写作、发声——
媒体人田嶋阳子

田嶋阳子在退休前是大学英文系老师，退休后边运营女性学研究所边写作，同时也作为固定嘉宾参加电视节目。她出版的书籍已经超过十本，而且因为参加节目积累的人气，还出任过社民党国会议员。2003年在她出任参议员期间为了与韩国女性议员探讨慰安妇问题，还访问过韩国。亚洲的慰安妇问题是她在出任参议员期间最希望解决的政治议题。

目前（2013年）她最专注的是书法和香

颂[1]，这两个活动她已经分别参与了三年和七年，在这两个领域都举办过展会和演唱会，还出了自己的个人音乐专辑，足见其投入之深。她虽然说"不是因为做得好，而是因为想做，所以才会做下去"，但是在香颂演唱会上她的演唱实力丝毫不逊色于专业歌手。[2] 在日本的右翼男性和"爱国夫人"眼中，她是"恶名"昭著的"左派女性主义学者"，在我对她整个采访过程和香颂演唱会中，她始终表现出幽默感、真诚和愉快的自信。从她身上我获得了一种确信，那就是只有上了年纪的女性才能做到既坚持自己的信念，又能实践获得大众呼应的女性主义。

---

[1] 译注：法国的一种音乐风格。
[2] 日本的兴趣小组很独特，虽说是兴趣小组，但有不少人的投入度和实力堪比专业级。假设有一个喜欢某一韩国画家的兴趣小组，小组成员会为了参观该画家的新作品展会专程访问韩国，或者邀请画家赴日参加见面会。在这种大的文化背景下，老年人也会参与书道、俳句、香颂等多种文化活动，学唱香颂的也不在少数。关于这一点，后面会有更详细的交代。

母亲去世后开始第二人生

在与田嶋阳子的对话中,最有趣的是她要"活到九十二岁"的宣言。她开始完全按照自己的方式生活是在母亲去世之后,也就是她四十六岁的时候。母亲对女儿的压迫是超强的,其负面影响过于强烈,导致女儿无法呼吸,也无法按照自己的方式去畅想未来。所以母亲去世后她终于可以喘口气,并决心"此前

我没能按照自己的想法生活,所以今后要加倍生活"。这就是她决心要活到九十二岁的原因。她四十六岁才真正开始自己的人生,因此五六十岁的时候度过了幼年期、青少年期和青年期,七十五岁的她等于正在经历充满热情的中年期。

四十六岁获得"解放"后,她开始参加电视节目,站在保守派男嘉宾的对立面积极传播女性主义。她写了一本回顾与母亲关系的书、一本采访社会知名男性的母亲的书、两本基于自己的恋爱经验写的书(《写给想恋爱的你》和《以爱为名的支配》)。此间她出版的十余本书的共同点是从女性主义的角度向大众分享她对爱、母女关系、母子关系、母性等主题的看法。

从母亲那里获得解放后,写书在一定程度上是为了自我治愈,也就是"重获新生"。通过写这些书,她发现母亲的一生也是被压迫的一生。她的母亲出身于很有名望的家庭,但就因为是女孩子，没能接受任何教育。婚姻生活中也只是按照日本社会的要求在家庭履行"女性"的职责，完全没有余地把自己当成一个个人。"二战"期间父亲上了战场，母亲只能独自照顾家庭、抚养女儿，战争结束后又照顾因为战争后遗症深受折磨的父亲，始终生活在令人抑郁且痛苦的义务和规范的牢笼里。

上野千鹤子在《厌女：日本的女性嫌恶》中批判性地剖析了日本社会父权制令人窒息的女性歧视，而她的母亲正是这一歧视的牺牲者。但是母亲没能悟透这种歧视结构的不合理性，也没能为女儿开辟出摆脱父权制恋母情结的出口，反而将自己的痛苦投射到女儿身上，使女儿的生活也成为歇斯底里的时空。[1] 母亲去世后田嶋阳子才得以摆脱母亲和由母亲代理的社会性别体系的枷锁，但通过书写一篇又一

---

[1] 上野千鹤子，《女ぎらい：ニッポンのミソジニー》，罗一等译，《厌恶厌女》，银杏树，2012［韩译本］（中译本：《厌女：日本的女性嫌恶》，王兰译，三联书店，2015）.

篇文章，她开始对日本社会强加给母亲那一代女性的"母亲"的身份以及由此扭曲的"母女""母子"关系有了更全面的理解。

> 过去我一直认为从母亲那里获得解放，我的女性主义就完成了。的确也是在母亲去世后，我完成了自己的女性主义。但是此后我明确了一个事实，那就是我个人的解放是不够的，要和社会上受压迫的其他女性联系起来。我母亲也是受压迫的女性之一。她虽然已经去世，但这正是通过我的解放，母亲也不断获得解放的原因。

我们可以从两个侧面思考田嶋阳子的这段话，其一是解放、自由，女性主义的完成不应是一个终结而应该是持续更新的过程；其二是个人的解放不会止步于个别自我的解放。我们不但要和同时代的人团结起来共担责任，也要和那些虽然已经去世但仍然等待自由和解放的人团结起来共担责任。我关注的不是田嶋阳子与已成故人的母亲"之间的和解",而是她谈论母亲的"解放"。在我看来,她更侧重的也不是出于无奈与母亲和解,而是她自己的解放以及母亲的解放,而这又像蜘蛛网一样与其他女性的解放紧密相连。

四十六岁开始自己的人生以来,她最为珍视的就是可以按照自己想要的方式自由地生活。就算是自己选择的恋爱对象,一旦发现这个恋爱关系压迫自己时就可以不再恋爱,这是自由的力量;不论写书还是参加电视节目,都可以不用顾忌保守(右翼)男性的眼光表达自己的想法,这也是自由的力量;沉醉于书法和香颂,在众人面前表演,这也是自由的力量。

电视节目中的大众讲师和战士

田嶋阳子在日本成为名人是因为参加了北

野武主持的电视节目。但令我感兴趣的是她第一次参加电视节目的契机。1989年，来自日本东北地区农村的一群男性坐着卡车来到东京青山和原宿进行示威游行。他们之所以这样做，是因为在他们生活的地方找不到可以结婚的姑娘。看到这个现象后，田嶋阳子为了说明女性为什么拒绝结婚开设了讲座，全国各地婚姻介绍所的员工前来听她的讲座，使她的讲座变得很有名，一些报纸和富士电视台都介绍了她的讲座。讲座内容主要是愿意结婚的女性之所以越来越少是因为男性没有平等地对待女性，如果男性不改变，今后的情况也不会发生变化。

她每天中午十二点去富士电视台参加节目，在节目中她说："天气这么热，一个女人在裙子里面还穿着束身衣，画上浓妆，甚至还穿着高跟鞋，真是太奇怪了，到底是什么让女人接受这种奇怪的装扮？"她的这席话引来了观众的笑声。如果用严肃的口吻讲述对女性的压抑，观众都不愿意听，因此她要用戏剧性的方式讲述，这也是她平时的信念。这个节目主要的嘉宾都是谐星，她通过这个节目一夜成名，有些观众还说"日本出了个新明星"。没过多久，她就受到北野武主持的节目的邀请，此后作为媒体人工作了二十年。

　　我在前面的内容中也提到日本比韩国早一步进入了老龄化社会，也早韩国一步经历了"农村大龄男青年"结婚难的问题。因为当时的日本也和现在的韩国一样，相当多的农村大龄男青年找不到结婚对象，所以曾试图用国际婚姻的方式解决这个问题。日本的父权制完全不亚于韩国，父权制的文化理念在社会中起到十分重要的作用。在男性作为家庭抚养人的家庭模式占主导地位的时期，女性没有其他的社会安全网，也无法获得经济资源，所以结婚对女性不是可选选项而是必选选项。

　　但是随着女性学历的提高，女性的经济活动也开始活跃起来，同时新自由主义的全球化带来了劳动力的迁移、产业中心转向以知识和

IT为基础的服务业，婚姻结构也发生了重大变化。对女性来说，结婚不再是必选选项，无论在日本还是在韩国，那些选择独身生活的不婚女性日渐增加。而且很多女性对生活的根基搬到别的国家或对外籍配偶没有排斥感。无论是在农村还是在城市，都对男性有了新的评价标准，在这样一个"结婚市场"的现实中，男性也不得不走出传统中既有的规范。培养与女性、他者构建良好关系的能力和技术正在成为男性结婚的必要条件。

田嶋阳子开设讲座时，来听课的不是那些"没结成婚的"男性，而是婚姻介绍所的员工，这一点倒是颇有戏剧性，但总之用"大众喜欢且有趣的方式"转达社会文化脉络中的性别政治，这种方式无疑十分有效。也许正是因为她的这种偏喜剧型的讲述方式，后来成名后在参与政治讨论节目时，才能成为"一对多"对抗右翼男性的"战士"，这一点无疑很让人产生兴趣。

有一期节目讨论的是日军慰安妇问题。我一个人和七位右翼男士进行了对抗。他们都是绿色阵营,只有我是红色阵营。只有我一个人主张过去存在过慰安妇。讨论到最后,那些男人问我:"你选择日本还是选择韩国?"我回答说:"我选择女性人权。"

听到田嶋阳子这么说,我马上就想起了弗吉尼亚·伍尔芙在《三个畿尼》中发出的宣言,即"女性没有国家",同时又想起上野千鹤子在《民族主义与社会性别》中对日本社会的民族主义与女性的关系做出的分析。伍尔芙在《三个畿尼》中对以文明的名义发动暴力与战争的父权制国家主义提出了批判,并指出:"如果用一句话来形容所有女儿的心愿,那就是爱之法。"① 古代的安提戈涅(Antigone)早

---
① 弗吉尼亚·伍尔芙,《三个畿尼》,太惠淑译,女性史,1994,245.

已提出了相同的愿望,而20世纪30年代弗吉尼亚·伍尔芙再一次强调了这一夙愿。到了21世纪,世界各地的女性们正通过超越国家/国家主义,走向和平与团结的努力,实践着女性先辈们的愿望。

慰安妇问题是韩国和日本需要解决的敏感且重要的问题,这个问题涉及女性的人权问题。韩国受害者奶奶们从1992年1月起每周都会以在大使馆门前集会的方式,争取日本政府的公开道歉,但其至今并未对此做出回应。

日本政府从国家层面上积极干预并否认这些女性的性奴隶化,认为她们是在战争情况下进行性交易的女性。的确,在日本社会中,承认慰安妇制度是由国家主导、计划、管理的日本民众并不多(当然,慰安妇问题也有超越一国界限的资本主义性交易的成分),对此进行忏悔的就更是少数。在那些为了民族利益公开否认慰安妇制度的右翼男性面前,表明自己站在女性一边而非国家一边，还是在大众电视媒体上，这无疑是非常需要勇气和信念的做法。

当然现在的日本社会已经不同于女性为了被命名为国民而积极参与国家的军国主义和帝国主义的"二战"时期（《民族主义与社会性别》中已经对此进行了分析）。但是如果认为女性所面临的一切苦难都得到了解决，就有些太过天真了。2003年田嶋阳子出任参议员期间，曾试图与印度尼西亚、菲律宾、韩国等地的女性议员联手解决慰安妇问题，为此也访问过韩国，但由于她隶属于社会民主党，所以心有余而力不足。

十多年后的今天，已年过七十的她仍然在右翼男性面前充当"战士"。在她的这些故事中，让我印象最深刻的是她的干脆、爽朗和自信。当年她参与录制的第一期节目播出后很受欢迎，成为当时正当红的谐星甚至还宣称"新明星的诞生"。目前她以一位老年女性的

身份度过愉快的日常生活。我想这首先是因为她的经济实力和她所拥有的各种资本，同时她的"喜剧性态度"也很容易让人产生愉悦感。

也许有人会说：人到七十或八十岁，经历各种人生起伏后，身体状况在日渐衰退，有什么可开心的？但正因如此，"悲剧性态度"才会更加让人觉得新鲜。不用考虑金钱因素，只为兴趣和愉悦而努力学习和练习某件事情，并毫无负担地将自己努力的结果展现给众人，这是只有在时间资本充裕的老年期才最有可能做好的事情。在资本主义竞争社会中，总是会根据成功与否、经济实力来衡量个人的能力，生活好坏总是会与"赚多赚少"相关联。她能够抛开这一切，单纯地出于让自己愉快的目的培养能力，这才是老年期所能得到的最好的礼物。田嶋阳子在充分享受着这份礼物，所以她的喜悦也在"美丽地"发散着。

"属于自己的房间、五百英镑、能表现自我的媒介，有这些就够了"

从身份认同的角度而言，田嶋阳子对用书道和香颂表现自我的重视程度不亚于过去在电视节目中与右翼男性进行对抗。作为女性主义者，她将参加电视节目当成自己的义务，但是作为老人，她强调只要有"属于自己的房间、五百英镑、能表现自我的媒介"就足以成为"美丽的老人"。她在弗吉尼亚·伍尔芙的基础之上，增加了"能表现自我的媒介"。如果说属于自己的房间和五百英镑是指一定程度的自由和经济独立，能表现自我的媒介则与文化相关。后者的重点是"表现自我"，也就是不要满足于被动地享受，而应该积极主动地表现自我。

不失去自我，记住自己的重心是自己的内心，这是最为重要的。我们可以

参考外部这样那样的故事,但最重要的是自己内心的重心要明确,这样才能免受伤害、活出自我。人际关系、年龄的增长、死亡,这些都是自己过往人生的外延,对吧?怎么活过来的,就会怎么死去,所以一定要坚持"活出自我"。

如果放弃"活出自我",就会像罗丹的雕塑作品《欧米哀尔》中过去貌美的制盔工的妻子那样,因为羞愧而隐藏自己的脸。为了能够浩然地表示"我在用这种方式变老、死去,这就是我的人生过程",就需要始终绷紧自我肯定和自信之弦。

在准备书道展会的时候,为了表现女性所能获得的自由,她将"千手千眼观音菩萨"画成了"千足观音菩萨"。"千足观音菩萨"的一千条腿象征着无限的自由和解放,这是因为现实中穿着裙子和高跟鞋走路十分不便的女性是"腿没有被解放的生命体"。她想通过这件作品表现女性、其他人群以及事物的无限自由，但重点还是放在了女性身上。

接下来谈谈她与香颂的故事。她开始学习香颂是从大学正式退休以后。当时她的居住地正在筹建社群，其中一个社群活动就是学习香颂，她以学生身份参加了该活动，至今已经第八个年头。开始学习书道是在四年之后。现在她的香颂和书道水平都已经相当纯熟，达到了进行一些对外公开活动的水平。

我去采访她的时候，刚好赶上她的香颂演唱会，所以亲身感受到了现场的气氛。在这些学唱香颂甚至成为香颂歌手的老年人眼中，香颂不是法语歌曲，而是翻译成日语的法国大众音乐。他们非常努力学习和练习香颂，到了一定水平后，会选择一些老年人经常出入的咖啡馆举办演唱会，尽情发挥自己的歌唱实力。

在田嶋阳子举办演唱会的咖啡馆，我看到了令我印象深刻的老年文化。这家咖啡馆位于地下室，一共能容纳六七十人，空间狭小，也

没有单独的舞台，但是用红色天鹅绒的窗帘遮盖了墙壁，做成了舞台效果。咖啡馆的主人、钢琴演奏者和客人都是七八十岁的老人，看得出他们在穿着上颇下了一番功夫。咖啡馆的主人是位男性，他身穿袖口装饰华丽、手腕处连有蕾丝的上衣和喇叭裤，始终面带"柔和甜美的"微笑卖票。他还给客人送上简单的饮品，还负责把"歌手"请上舞台，向大家介绍"歌手"，可谓身兼数职。在场的客人主要是朋友或同学，他们的表情中透露出一种自然和自豪，仿佛在说："这是我们的地方。"那里丝毫没有人造的华丽或想要遮盖简陋的意味，看着那种自然的状态，我深深地感受到"老年人专有的文化场所"的必要性。

做个慈爱的老太太，然后悄然离世

过去日本有一句俗话——"闭上嘴喝札幌啤酒"，意思是男人在沉默的时候才显得有能力。日本的男性相比女性不擅长对话的原因可能也受此影响。虽然整体上老人都渐渐被当成"邋遢、贫穷、惹人烦的人"，但相比男性老人，女性老人更受欢迎，因为即便年龄相同，人们也更青睐爱撒娇的人。因此很多女性想成为"可爱的"老太太，但是田嶋阳子不想只成

为可爱的老太太,她想成为时而可怕、时而哭泣、时而有力、时而勇敢的老太太。

今后我会变成什么样?谁都无法回答这个问题。……关于死亡,我有一个梦:把我作为女性主义者的思考和感受写成书,把想说的话都说完,一边唱着歌一边生活,有一天突然萌生出"今天天气真好,我应该今天死去"的想法,然后就在那一瞬间死去。这就是我关于死亡的梦。

尾声　踏上美好且富有尊严的老年之旅：与老年人权感受力并肩同行

目前我们所面临的老年期是人类历史上从未经历过的现象。现在的老年人正处在急剧变化的环境中：层出不穷的新技术不断改变我们的日常生活，但劳动环境、人们对身体的知识以及人与人之间建立关系的方式还没有发生太大的变化；预期寿命在不断延长，但社会关系的建立越发出于功能性的目的；福利政策的缩减导致基础生活水平每况愈下。我们已经无法像祖父母那样，生活在代际间相互照料的良性循环之中。此时进入老年期的人们只能成为开

辟全新道路的先行者。[1]

老年人难以接受的分裂局面——陌生的他者以令人不快且带有威胁性的方式"入侵"的经验——尤其在身份认同方面造成了很多问题。[2] 当社会对"我"的期待和"我"一直以来的状态不再一致时,也就是过去的"我"与现在的"我"之间产生裂痕时,"我"就很容易陷入分裂或解体的混乱之中。"成功变老"这一话语被大肆宣传为应对这种混乱最切实可行的方法。无论是在发展心理学还是在社会学领域,学者们对"成功变老"这一主题的研究与宣传都试图促使老人们努力"克服"眼前的困难,既不过度夸张或过度消极地看待老年期,又能将老年期融合到自我的整体脉络中。但是使昨天的"我"、今天的"我"、明天的"我"这三者融入一个"各不相同,但为一体"

---

[1] 郑真雄,《老年的文化人类学》,Hanul,2012.
[2] 西蒙·波伏娃(Simone de Beauvoir),*La vieillesse*,《老年》,洪常喜、朴惠瑛译,Chaeksesang,1994[韩译本].

的身份认同,这一点不是能用是否过得像昨天一样好(一样健康、一样积极参与社会活动、一样与新认识的人进行持续地交流)来论"成败"的问题。[1]正如带有补偿的选择性最优化模型显示,仅靠选择性地适应环境、维持自我效用和自信也无法解决这个问题。[2]

那么,老年生活什么时候、怎样才能过得既有意义又充实?新自由主义自我开发式的老年观认为就算已经明显感受到身体的退化迹象,但为了"更好的"明天,仍需要不断努力,形象和身材至少要"保持现状",只有这样才算得上没有放弃生活。这种态度无疑是近代以来深入骨髓的时间观造成的弊病。将死亡视为厌恶的对象,将疾病和残疾视为应该遮掩的负面因素,正是因为这些想法,现在社会中

[1] John W. Rowe and Robert L. Kahn, *Successful Aging*,《成功变老:新型老年文化指南》,崔惠卿、权有卿译,Hakjisa,2001.
[2] Baltes, P. B. and Baltes, M. M., "Psychological perspectives on successful Aging: The Model of Selective Optimization with Compensation", in P. B. Baltes and M. M. Baltes (eds.) *Successful Aging: Perspective from the Behavioral Science*, 1-34. Cambridge. U. K.: Cambridge Univ. Press, 1991.

试图"化妆/火葬"老年——同时兼具死亡、疾病、残疾三要素——的倾向或许就包含在"成功变老"的说法之中。但是如果从时间和时间性存在的另一种角度理解人的存在，可能就是另外一番景象。

有些人觉得自己的老年期还没有到来，还有一些人认为老年期（好像）还很遥远。但所有人"此时此地"的人生就包含着老年期。老年期已然不只是未来的问题，它可能还没有到来，但又近在身边。应该怎样与老年期相处？这是生活在高速老龄化社会中的我们每一个人都要想象和付诸实践的问题。

前文介绍的几位壮年和老年的人生故事会为我们想象和实践这一问题提供思路。未来虽然还没有到来，但已然在我们身边。这并非意味着过去、现在、未来的时间像俄罗斯套娃一样，以已经成形的方式共存，而是意味着时间性是"存在于此时此地"的人们所面临的必然条件。

把处在我们理解范围之外的陌生的死亡唤入现在，并以此来构建现在的生活，这就是作为时间性存在，生活在"此时此地"的方式或态度。那些把自己当成时间性存在的人，不论处于哪一年龄段，都需要认识到这个态度。这样一来，人们就不会错把变老当成遥远的未来之事，不会认为那是七八十岁以后才会发生的事。这种观点或态度会让我们在人生各个阶段（包括老年期）都免于自我疏离。而且不论处于哪一人生阶段，都不会对他人加以歪曲或客体化，懂得与他人沟通和共情。

安全的老年生活不只是老年人的议题，对其他所有年龄段的人也十分重要。但这不仅仅是医疗和经济的问题，还包含"共同生活"方面的社会问题，也是以语言表达为标志的文化问题。为了安全的老年生活，必须有国家福利层面的政策，也需要理解贯穿所有年龄段的时间性。认为人是时间性存在的想法会让各个年龄段的人团结起来，一起构建一个既安全又互

相尊重人格的社会,[①] 不论处于哪一年龄段,都能获得从整体上理解人生的观点。

作为"自我"与"性格"的统一体的整体的人生

令人觉得有负担、不愿面对甚至还有些恐怖的老年形象是与现代主义散播的独立个人的神话、基于美妆产业对美的狭隘认知以及被排除在生之外的死密切相关的文化现象。

在此前的内容中,我通过重构即将迎来老年期的壮年女性、正处于老年期的老年女性和男性的口述史,试图从歪曲老年之美的文化偏见中解放出来。这意味着我们认识到过去对美

[①] 这里提到的代际团结主要在前近代社会的亲族体系中起到了重要作用。在深受"孝道"文化影响的韩国,这种代际团结在婴儿潮一代(祖父母/父母一代)身上也起到了一定的作用。但是随着经济、社会、文化等多个领域的变化,家庭等亲族体系中的代际团结已变得无法延续,因此怎样构建代际、各年龄段之间的团结,这是需要国家、市民社会、地区社会共同思考和应对的议题。但在韩国,国家仍拿出"孝道"思想,将保障老年人权的问题抛给家庭,一直拖延对老年福利体系的构建,这无疑是十分落伍的表现,也亟须市民社会对此提出批评和应对。

的认知是被操纵而非自然的，并在这个过程中意识到每个老人都会根据过往的人生经历和当前的选择而各自散发出不同的美来"吸引"我们。我采访的那些壮年人或老年人在讲述自己的人生故事时，把"活出自我"当成首要的老年之美，并表示自己"过去努力活出了自我，今后也要继续活出自我"。在这些故事中，他们每一个人都是"美丽的主人公"。

他们将自己人生的经历重新构建成一个整体的（holistic）故事并讲述出来，在这个重构的过程中，他们把自己呈现为具备"自我"与"性格"的统一体。他们的口述充分表明作为时间性存在的我们的人生能在故事中很好地表现出来并被听众理解。故事是各种不同内容的综合体，是包含不和谐的和音。也就是说，故事都由开头、中间、结尾组成，因此可以将多个事件组织进一个整体，通过这种组织故事的过程，多个事件会上升到具有意义的新

层面。①

昨天的我和今天的我以及明天的我各不相同，但如果一个"人格体"想获得身份认同，就需要将出生到死亡的人生当成一个整体（一个故事）来理解，而这一点只有通过"整体的故事"才有可能实现。在人生各个阶段或各个时期发生的多个事件会在"整体的故事"中像马赛克的碎片一样统一起来，形成一个完整的"自我理解"。这种统筹的观点不但可以形成一种社会话语以克服对老年人的恐惧，还能实现老年人与其他年龄段人群之间的模仿（mimēsis）性沟通与团结。

我们追问自己是谁、追求什么价值、以谁为重要标准、对哪些场所或团体（渴望）怀有归属感，这一点十分重要，而且在人生所处的物理的、现实的条件或环境中，想象、准备、实践持续且统一的老年身份认同方面显得尤为

---

① Paul Ricoeur, *Zeit und Erzählung*, Bd.2, aus dem Französischen von Rainer Rochlitz, München: Fink, S. 128-129, 2007.

重要。

我十分看重女性主义的性别视角,尤其认为女性主义是以批判性语言实践为中心的文化人权运动。"统一的自我理解"让我想起了两位老年女性,那就是作家玛格丽特·杜拉斯(Marguerite Duras,1914—1996)和政治哲学家汉娜·阿伦特(Hannah Arendt,1906—1975)。杜拉斯的小说《情人》在韩国深受关注,她用后现代/后殖民的语言表现了帝国主义的忧郁(melancholy)和热情;用故事的形式讲述"平庸之恶"这一政治哲学议题的《艾希曼在耶路撒冷》的作者阿伦特深刻地剖析了现代暴力与集权主义以及作为"人"的条件。

对包括(已过五十中旬的)我本人在内的同龄女性而言,这两位女性是"独特且杰出"的前辈。我无法忘记自己四十出头时,通过几张老照片再次邂逅她们时的感受。当她们还是少女时、当她们上大学时、当她们第一次开始

执笔时、当她们在公开场合表达观点时、当她们在稿纸上写下自己的想法时、当她们与男同事并肩前行时、当她们完全投入"自己的语言"时、当她们临近死亡时，在这每一个瞬间，她们都很美丽也很强烈。她们步入人生下半场后的面庞让我想起杜拉斯对演员马德莱娜·雷诺（Madeleine Renaud）讲过的话："无与伦比的年轮光彩，是这一光彩的实现，亦是无限的解放。"

她们暮年的面庞和身材仍像屹立在风雨中的岩石般坚强有力。有一次我在电视上看到暮年的阿伦特接受采访时谈到自己的哲学观点。她的脸庞已经失去了所有性别特征，只剩下凹凸不平的皱纹。她吐着烟气发出沙哑的声音，这声音发出强有力的主张，而她的面庞支撑着她的主张，这一切都给我带来了非常奇妙且惊异的解放感。那是一种美丽的、耀眼的脸庞，任何修辞在那脸庞面前都黯然失色。对我来说，那脸庞是年轮，那身体是与时间一路走来的"语言"的身体。

　　杜拉斯的老年期还有一个独特之处。她八十多岁时与年轻的杨·安德烈亚（Yann Andréa）的爱情让我们看到何谓以"自我"的状态变老。她写道："我在最适合自己的自由中，与自己接触。"因此她在自己漫长人生的最后，可以说上一句："这就是全部。"[1]这是有关变老的生物学、社会学的偏见无法撼动的自我结语，也是杜拉斯留给女性后辈的无价遗产。"这就是全部。"杜拉斯的这句话卓越地表现出了作为一个整体的老年生活。"这就是全部"，在这句话的背后，我还听到另外一句二重唱："这不是全部。"这句话就像是她留给那些和她生活状态不同的人发出的邀请："这不会是全部，因为你的人生是不同的。"

　　我们选择真诚地去倾听谁的故事？作为这个故事的听众，你我他又将怎样重构这个故事并转述给别人？这些问题等于也是在问：作为

---

[1] 玛格丽特·杜拉斯，《这就是全部》，高宗锡译，文学村，1996.

在相互主体性或在相互承认中存在的个人，我们要以怎样的方式走出孤立、独断、无意义的状态，在互联中进行沟通，并为有意义的人生画上完整的句号？① 与那些同自己信念和理念相同且在生产方式、(尤其是)消费方式方面观点共通的人互相参照、互相确认归属感是克服不安和抑郁、自我厌恶和愤怒必不可少的，也是以愉悦和满足的状态度过晚年生活所必需的。不是要"保持"美丽，而是要在不断的变化中成为"美丽的自我"，为此最需要的就是可以互相倾听、理解且（有可能的话）抒写的人。

在"属于自己的时间"享受自由

进入老年期（对多数男性和相对少数的

---

① Adriana Cavarero, *Relating narratives: storytelling and selfhood*, translated with an introduction by Paul A. Kottman, London: New York: Routledge, 2000.

女性而言）不仅意味着结束有偿的社会劳动，同时在家庭义务或权利方面也会发生巨大的变化。

当一个人的社会身份认同主要通过经济活动获得，且还没有直接意识到"变老"与自己相关时，通过工作地点、旅行目的地等空间的移动，以及接触多个不同的场所对个人的"自我扩张"具有十分重要的意义。但是到了老年，个人对自我与世界之间关系的认识更具时间性。更多的老人会选择将自己的身体投向内心积累已久的"属于自己的时间"，而非无限延展的外部空间。

对于老人要过怎样的生活，仁者见仁智者见智，但我觉得让·埃默里在《变老的哲学》中提出的变老与人的认知能力的两大主轴，即时间与空间建立关系的方式非常有趣。他继承了康德的观点，提出时间采取的是内在感觉的形式。也就是说，时间就是直面自我、直面自

己身处的状态。①

当我们谈论"现在"时,这里的现在是一个包含过去与未来特定脉络或场域的节点。人到老年之后,"现在"中会包含时间的重量,也就是丰富的过去之皱纹。"察觉到自己老了和正在变老意味着,在身体和在人们可以称为灵魂的东西中拥有时间。"相反,年轻则意味着将身体抛掷到"那并非时间,而是生命、世界和空间的时间中去"。② 对一个

---

① 提出要从时间点的角度思考时间的观点,即主张时间的固有性有别于空间化的时间理解的哲学家有奥古斯丁、康德、亨利·柏格森以及现象学家。奥古斯丁用伸张(distentio)来说明时间,并主张可以通过灵魂的三个契机——记忆、直观、期待——来认识时间。康德认为空间是外在直观的形式,时间是内在直观的形式。柏格森将时间分为两种对立的形式,一种是形成无意识记忆的持续的时间概念,其对立面是空间化、数量化、同质的时间概念。胡塞尔的现象学认为时间是排斥了客观时间之后的时间,也就是显现的延续本身、意识进程的内在时间,与客观的时间不同,内在的时间无法被测量,也无法有反复相同的体验,每一次的体验都是不同的。奥古斯丁,《忏悔录》,金炳昊译,集文堂,1991;苏光熙,《时间的哲学思考》,文艺,2001;埃德蒙德·胡塞尔,Zur Phänomenologie des inneren Zeitbewußtseins《时间意识》,李宗勋译,韩吉社,1996[韩译本](中译本:《内时间意识现象学》,倪梁庚译,商务印书馆,2009).
② 让·埃默里(Jean Améry),Über das Altern : kevolte and Resignation,《关于变老:在反抗与放弃之间》,金羲祥译,Dolbegae,2014,38[韩译本](中译本:《变老的哲学:反抗与放弃》,杨小刚译,鹭江出版社,2018).

年轻人，人们会说"世界对他是敞开的"，这里的未来不是时间而是世界和空间。年轻人的时间摆在他们"面前"，就像可以随时推门而入的广场，他们都明确知道自己将进入空间，让·埃默里称其为"外化"，也就是把自己"露在外部世界"。相反，那些"在自身中拥有生命"的人，他们所固有的是"内化"，即回忆。回忆就是将自己内化，去聆听自己过去经历的时空经验积淀的"内心"。因此老年将"完全地成为时间、拥有时间、认识时间"。[1]

阿图·葛文德（Atul Gawande）通过医院的临床事例，思考作为有限的存在，人怎样才能死得最"自我"、最"有意义"。随着年龄的增长，比起做些什么，存在本身就是人的状态，而且比起未来，更关注现在，这是理解老年人所必须认识到的变化。老年人整体上

---

[1] 让·埃默里.变老的哲学：反抗与放弃[M].杨小刚，译.鹭江出版社，2018.

缩小了自己的活动范围和关注领域,在情绪上更为稳定,也更容易满足。发生这些变化的原因也许是身体的变化带来的认知上的衰老,也有可能源自漫长人生中学习到的沉着、从容和智慧。

在此基础上,葛文德提到了劳拉·卡斯滕森的研究。卡斯滕森耗时数年对十八岁至九十四岁的不同人群进行了有关情绪的研究。她认为"这种积极情绪的经验尤其与这个世界给我们的时间有限的个人感觉相关",也就是说,这是观念的问题。她的研究基于这样的假设(社会情绪选择理论):我们如何使用时间取决于我们觉得自己还有多少时间。卡斯滕森的研究结果显示:随着人们的视野收缩,开始觉得未来是有限的、不确定的时候,人们的关注点开始转向此时此地。正如"'9·11'恐怖袭击"之后的美国,当"生命的脆弱性凸显"时,日常生活的目标和动机会彻底改变。也就是说，至关紧要的是观念，而不是年龄。①

但是在这里，我想与让·埃默里一起探讨的是一种存在论与认知范畴论，即年纪越大，就越会活在时间中而非空间中。年轻时很少有人会觉得"生命的脆弱性凸显"。年轻人十分理所当然地忘记了自己是有限的存在。而且向年轻人发出生命有限这一提醒的也不是"生命的脆弱性凸显"。相反，更接近于存在主义的认识，也就是在本章开头部分介绍的海德格尔的时间性存在的理解，即人的生命以抛向特定时空为起点，并终有一死，人就是这样的一种存在。

在海德格尔的存在主义哲学中，人是被抛向特定时空，在那里与周边世界建立关系的"世界中—存在"。作为"世界中—存在"，人要有决断力、要行动，生活在更偏向于空间的

---

① 阿图·葛文德，《我们应该如何死去：现代医学所错过的生命的最后瞬间》，金禧贞译，*Bookie*，2015，155—157［中译本：《最好的告别：关于衰老与死亡，你必须知道的常识》，彭小华译，浙江人民出版社，2015］。

时间性当中。但是按埃默里的看法,老年人离死亡更近,生活在更偏向于时间的时间性当中。就算他/她会去各个地方旅行或搬家,进入老年期之后,他们的生活更倾向于时间性而非空间性。此时,世界为了向年轻人敞开,而与老年人擦肩而过。老年人开始前所未有地进入由时间和故事组成的生活中。相比"在—世界中—存在",他/她更是"在—时间中—存在"。

关于这一点,让·埃默里将"作为死去的变老"与"死亡"区分开来,对死去—变老只是对死亡的恐惧和欺瞒性的安慰,很有可能只是一种拖延。对此他提出了源自尊重人生心理选择的"自由死亡"。"活着的时候经历的担忧与凝视死亡时的恐惧映照在镜子中的样子别无二样"的表白或许是在集中营饱受折磨后回来的他,作为一个正在变老的人能讲出的最诚恳的话,自由死亡是积极实践自爱和自我尊重的方式(他自己就是用这种方式实践了自己的爱和尊重）。

但是有一些老人越活越轻松，担忧也越来越少。不论是去散步，或是听儿时喜欢的歌，看看电影，或是去旅行、去歌舞厅跳舞，或在公园"看太阳"，他们选择的是接受现状而非过度关注死亡，他们直面自己身体上的不便，甚至觉得无须区分平稳与恐惧、接受与拒绝，放下"镜子"带来的压迫感。例如第6章介绍的尹锡男刻画的众多"奶奶"，她们就像轻巧的小鸟在年轻女性的心中、在秋千上、在橡木上度过"属于自己的时间"。她们轻盈到瞬间都有可能变成云彩。

按照让·埃默里的理解，这种变得轻松的老人是不再紧盯着镜子的人。严格地说，他提出的自由死亡是"始终盯着镜子的人"选择的死亡。这里的镜子不单指物理意义上的镜子，自我所面对的所有他者的视线都是镜子。通过他者看到自己的样子既会产生幻灭感，也会带来安慰。但是我们之所以把自己暴露在他

꼬부라진 등도 쓰임새가 있다. '공생'

弯腰驼背也有用。"共生"
《因友善而叫友善的友情女士》，尹锡男、韩成玉，四季，2016

人的视线中，并受他人反馈的影响，是因为人们仍然处在象征秩序内，而且彼此间建立空间性的关系。相反，如果获得了不再站在镜子面前的自由，即不必再将他人的视线当成"自我承认"的标准，就会让我们邂逅可以深入"属于自己的时间"的自由。

让·埃默里虽然提出上了年纪的人根本上是从时间而非空间的角度理解世界，但他始终没能放弃镜子里映射出的自我形象这一框架。如果说有一种特权是老年人所特有的，那也许就是能够抽身于象征性规范的秩序体系之外，更自由地在想象界和现实界之间来回穿梭。人到老年后来回穿梭的想象的世界，不是指倒退到怀旧的世界，而是在无须再遵守象征性规范的时间秩序的某一个时间点，会向我们敞开的一个故事的世界，与时间点连续性的时间结构不同的想象力的世界。而且因为老人们的生活毗邻现实界的核心——"死亡"，因此可以随时与现实界建立联系。

穿梭在想象界与现实界之间,并不意味着老年人在象征规范的世界获得了完全的解放。因为穿梭在想象界与现实界之间的"意义"是在与把"不再美丽""不再具有生产性或不再有用"的老年人逐出可视圈的规范的关系中获得的。其"意义"就是:不陷入将老年人限定在某一形象之中的陷阱,并认识到老年人的重要性。老年人无须特意附和要求他们超越、超脱、超然的社会要求,也无须否认老年期是人生各个阶段中最乐意也最可能实现超然的阶段。

在这里可以举一个例子,那就是日本艺术家柳美和(Miwa Yanagi)的照片系列《我的祖母》(*My Grandmothers*)所再现的奶奶们。柳美和呼吁二十几岁的芳华女性想象"变老"后的自己,并把老年的自己唤到现实中。年轻女性们想象的"自己内心中的奶奶"的形象不同于当前老套的老年形象,而是建构了另一种幻想中的亚特兰蒂斯。她们"独自"身处在树林里、在塞满书籍的房间里，甘愿"在—时间中—存在"。在大灾难之后的世界的中央，她们与少女们一起梦想新的世界，既表明自己曾入侵过现实界，同时又身处于想象界的广阔风景中。老年人的这种状态没有掩盖绝望，而且绝望中也没有悔恨之意。那是一种包含轻松、明确、横跨而非超越的绝望，同时也是淡淡的希望。她们表现的生活不同于社会所要求的超越、超然等老套的形象，但同时又向超越的世界敞开着。①

"变老"之旅所迫切需要的

老年期的第一个症候是更年期。虽说男女都有更年期，但有些人的更年期十分剧烈，有些人则感觉不到任何变化。更年期并不具有什么固定程式，可谓万人万色。能够智慧地度过

---

① Miwa Yanagi, *My Grandmothers*, 2009（http://www.yanagimiwa.net/e/grandmothers/e/index.html）.

"老年"这一他者的人生，绝不是件容易的事情。"我"仍然充满创造力和好奇心，但"我"的身体不再柔软、灵活，外部世界简单粗暴地将我分类为"老人"，并塞到抽屉里。变成老人后，人会经历外部社会过度的要求（您该超脱！）或过度的删除（您该退下了！）。

以更年期为转折点，迎接第二生命的女性和男性要获得幸福，都需要些什么？一个五十出头的单身女性主义学者认为需要"朋友""金钱"和"道伴"。"道伴"指的是彼此能够比朋友更信任、更亲密的（或许也是排他的）伴侣，有可能是女儿、朋友，也有可能是伴侣动物。

对于老年期的女性而言，"伴侣"的概念十分多样。只要彼此长期互相关心、情感互动深入密切，就都可以纳入这一范畴。有不少六七十岁的女性会经常提起她们与女儿之间甜蜜的争执。她们彼此珍爱，彼此尊重，接受彼此本真的样子，当对方需要时，会挺身而出抵抗外部的攻击。Y讲述的是与女儿在济州岛度过的令人心动的三天，K 讲述 10 月在北村①与女儿尽情游览、尽情行走、尽情欢笑的经历，她说映红的落叶在女儿的眼中更加耀眼。近来不少人还十分乐意提及自己的伴侣动物，堪称一种新型道伴。

男性也有更年期。杰德·戴蒙德（Jed Diamond）在《男性更年期》中讲述了他作为专业心理治疗师从业三十五年来接触过的男性们的故事。相比女性的更年期，男性的更年期进展缓慢，这是因为男性激素——睾酮——从男性四十多岁的时候开始缓慢减少。在这期间，男性"身体疲劳、健忘严重，对性关系失去自信，体重增加。心理上容易发脾气，丧失决断能力，容易抑郁。在人际关系中，虽然渴望亲密的友情，但是容易陷入孤立感，想对妻子和孩子好，但总是会先看到对方的毛病"。②这是杰德·戴蒙德提到的男性更年期的症状，

---

① 译注：首尔的地名，有很多传统韩屋建筑，是外国游客喜欢去的地方。
② 杰德·戴蒙德，《男性更年期》，金容柱译，Ire，2002.

但我们无法得知这些男性是否以非常认真的态度将这些心理的、身体的症状"表现"为身体—自我的故事。

长久以来，更年期被认为是女性的专属（因此不受重视），没有成为社会文化所考虑的问题。男性的睾酮之所以会减少，通常被认为是因为男性在职场承受的压力大，即典型的男性（间）的力量角逐的产物。因此也试图从男性之间的力量角逐或象征男性的性欲方面寻找克服或解决的对策。对男性而言，他们没有作为"时间中—存在"进行自我反思或试图与变化的自我进行对话。

波伏娃在《老年》一书中记录了那些（或许是渴望认为自己）能量和热情不减的男性为了不承认自己变老，尝试了哪些千奇百怪的性冒险。阅读这些内容，比起对波伏娃的观点产生共鸣，我反而会产生一种疑问："这些男性有必要做到如此地步？"国内外有很多关于壮年期以上年龄段男性们幼稚的性冒险故事，这让我认识到亟须从社会文化的角度更积极深入地探讨女性更年期与男性更年期。

　　　　对男性更年期的认知程度要低于女性更年期，这在很大程度上与生殖有关。女性的更年期必然伴随着绝经，也就是生育能力的终结。但男性的更年期虽然也伴随着一些症状，但终究与男性的生育能力无关，所以很难划清更年期的界限。心理咨询师提出更年期的男性真正需要的是与人交流的能力，但真正理解伴随男性激素减少、女性激素增加产生的心理/身体变化的男性还是少数。

　　　　我曾多次尝试与年过五十中旬的男性谈论目前他们感觉到的身心变化以及过往的人生和今后即将来临的老年期的生活。但是还没有遇到真正能讲述这些内容的人。通过日本的"退休丈夫症候"我们可以看到当男性无法认知更年期发出的信号，而深陷以工作为中心的社会身份时有可能发生怎样的消极结果。像金潭和李英旭的故事之所以能发生，或许是因为从社

会的角度而言，他们都处于"退休"状态。我期待今后越来越多的男性在享受职场中的成果和成就的同时，也能喜欢上对自己的身体——自我窃窃私语。

关注超越血液呼唤的"关系"

同时兼具朋友、金钱、道伴这三者是非常难得的，很多人甚至在认识到这三者的重要性之前要走很多弯路。心理学家们的研究显示，越是年轻人，越愿意将有限的时间用在结交新朋友而非与老朋友的相处上。这也许是因为年轻人有更多的好奇心，而且在当前由新自由主义主宰的文化中，年轻人的这种选择也是出于获得更多资源的需要。

只有经历长时间的共处，朋友和道伴才能成为彼此可以接受的存在。道伴是可以和解我/他者分裂的必然意义上的他者，也是非常有意义的他者。我们不可能有一天突然在散步途中邂逅这样的道伴。道伴与一见钟情的恋人是不同的（其实用所谓一见钟情来形容恋爱关系的文化描述多数情况下是毫无根据的）。

如果是在散步途中偶然邂逅，那从此以后，两人就需要多次在不同地点一起体验各种事情，以适应彼此的体味、语气、习惯、态度和时间的感觉，因为很多人都认为变老的第一个表现就是体味。人的体味是长期身体习惯带来的结果，不知不觉间体味会转变成（自我）幻灭与（外部）内侵的明确托词。当被人问到"你喜欢对方什么地方"，时常会有人回答"我喜欢那个人身上的味道"或"我还受得了那个人身上的味道"，可见体味才是从文化或阶级的角度进行区分或划界的场域和媒介。无论是朋友、道伴还是伴侣，如果身边有人能够接受并看重我们本来的味道以及岁月沉淀在我们身上的味道，那么作为老人的日常生活就可以减少很多紧张感。

在劳动空间与私人休息空间的界限越发模

糊的今天，人与人的关系也在变得越来越仪式化、功能化，仿佛剔除了水分和风的痕迹的枯木。不论是好朋友还是老同事，也不论是偶尔见面还是定期见面，人与人之间能够建立叙事的宽度和诗意情操关系的可能性在不断降低。这当然也与每一个人的生活本身没能扩展为一个叙事，而是处在越来越互不关联的事件之中有关。

不论是在与自己的关系中，还是在与他人的关系中，如果处于这种非连续性的环境，反而会再次发现"血液的呼唤"（blood call）的重要性。一旦处于紧急状态，能确立连续性关系的还是共享幼年期记忆的人。最近我碰到了几位四十多岁的人，他们都说："对我来说最糟糕的噩梦就是伴侣先我一步离世。"不被歪曲地理解、自发地体谅对方、准专家式的伴侣关系、彼此尊重身份认同的两个人互相协调身份认同，这种关系在我看来正是对安东尼·吉登斯（Anthony Gidden）提出的"融合之爱"

（confluent love）的完美实践。[1]

但是在这里我关注"噩梦"一词。后现代时期得以扩散的可塑性性关系（plastic sexuality）或柔软的身份认同在现实中使个人生活逐渐失去连续性，并由此带来人们无意识/意识中的恐惧，而上述排他的亲密关系正与这种恐惧相关。由此可以推测，当一个人能通过朋友、道伴（无论是敞开的方式，还是封闭的方式）将自己人生重构/建构为一个完整的故事时，能度过幸福晚年的可能性也就更高。在走向老年的旅途中，越来越明确的一点是，除了血液的呼唤、排他的亲密关系之外，我们还需建立另外能让自己变得幸福的条件和关系。当然，这个任务需要个人尤其是共同体去努力完成。

---

[1] 安东尼·吉登斯. 亲密关系的变革：现代社会中的性、爱和爱欲 [M]. 陈永国，汪民安，等，译. 社会科学文献出版社，2001.

个人能够且理应向经历了漫长人生旅途的自己给出宝贵的礼物

我们的生活中有这样一种倾向正在日益增强：既不愿接受来自年老身体的视线，也不愿将自己的视线投向年老的身体。这说明人们对内含于自己当前"年轻身体"中的"年老身体"心怀恐惧。但是自我的他者形象，即自己不想面对的自我形象才是收录着我们整个人生经验与痕迹的固有档案馆（archive）。① 因此我们要克服心中的恐惧和分裂，勇敢地面对储存在这一记忆/现实档案馆中的历史沉积物，为此我们的社会也需要为美学尝试和文化上的练习提供更多帮助。

有一个很好的例子，那就是洛瑞·佩彻斯（Lori Petchers）导演制作的约六分钟的纪

---

① Bobby Nobble, "Our Bodies Are Not Ourselves: Tranny Guys and the Racialized Class Politics of Embodiment," *Trans/Forming Feminisms: Trans-Feminist Voices Speak Out*, Ed. Krista Scott-Dixon, Sumach Press, 2006, p.101.

录片《人生的模特》(Life Model，2010)。该纪录片的主人公是一位七十五岁的女性裸体模特。学生和艺术家用素描、水彩画、油画、浮雕等多种艺术形式描绘她的身体，但这些作品同时也在表现创作者本人的内心世界、感悟和笔触。对于这些描绘自己身体的作品，主人公用她那与皮肤一样褶皱斑斑的嗓音说："通过这些作品能看出有些画家觉得七十五岁的老人是临死之人。但也有一些作品真的非常美。"那么这种巨大的差异到底是怎么形成的？

这部纪录片唤醒了人们对美的思考，它还选择了"裸体"这一形式，这让我更加感兴趣。艺术史领域针对裸体画有一个惯例，那就是裸体画的主人公，即脱光衣服摆姿势的人几乎都是女性。裸体画中的女主人公为了满足男性主体的偷窥欲而摆姿势。无论这些女性被刻画为女神还是娼妇，抑或是为艺术家带来灵感的恋人或模特，对作画的主体——男性——而言，她们都是他者，是性爱化的对象。在这

种对象化的陷阱中，男性和女性不可能互相凝视。裸体模特是女性，作画或观画的是男性，人类发明照片技术之后，这一性别分工也没有太大的改变，反而进一步加强了裸体模特要性感美丽的前提条件。

  在这种现实情况下，《人生的模特》这一美学作品刻画的七十五岁的裸体模特"奶奶"的样子给我们很多的启示。主人公是从事裸体模特工作多年的行家，她懂得应该怎么摆姿势。现在因为年纪大了，收到的报酬不如从前，有时还要接触一些非专业的画家，但无论如何，她都处在裸体画长久以来的传统之中。可是她的身体已经太"老了"，不适合为"男性客人"提供服务。在这一点上，她从事裸体模特的工作，既是一种冒险，也带有实验的性质，会动摇裸体画长久以来坚不可摧的惯例。她在惯例的内部对惯例的根基和条件提出问题，这个问题就是："当我们长久凝视不能刺激我们欲望的身体之后，会看到什么，会发现什么？"这既是存在主义的问题，也是伦理的问题，所以十分珍贵。

当欲望蠢蠢欲动时，我们（出于礼节）通常会假装不看却在偷看，或者按照裸体画的惯例，（先找下借口）毫无掩饰地盯着看。当没有任何欲望时，尤其是当摆在眼前的是老人这类"赤裸的生命"时，我们的视线通常会挪到别处，除非我们要恶意中伤对方或向对方施加精神暴力。相反，当我们心无欲念地长久凝视某人或某物，这就像是伦理的、美学的训练。只有长久凝视时，我们才能超越轻率的好奇心，最终打开自己内心紧闭已久的双眼去感受眼前的实体。所谓"实体"，其实就在"看"与"被看"之间。实体虽然只有一个，真实却在"彼此之间"，因此虽然画的都是七十五岁的裸体模特，但每个人的作品各不相同。

看着《人生的模特》，人们很有可能想对主人公提出这样的问题："到了您的年纪，做裸体模特对您意味着什么？""您爱自己的身体吗？"

其实这些问题等于是在委婉地问:"您这个年纪还当裸体模特,不会觉得羞愧吗?不会觉得耻辱或有负担吗?"对此,她的回答是这样的:

> 成为裸体模特是一种治愈,让我更加珍爱自己,让我觉得自己还不错。就算年轻漂亮的模特辈出也没关系,因为我有我自己的领域。人们需要我,我作为模特站在那里。我们互相给予。我用了很长时间才做到真正喜欢自己。这两条腿和两个胳膊,不论它们粗细,都是我的身体。都是我的。接受它们、爱它们,你就会发现一切都是平等的。我通过人生学到了这些。谁都要学会向人生学习。①

看了这个内容,我们会思考为什么纪录片的名字叫《人生的模特》。经历漫长生活的身体本身已成为针对某些人、指向某些人的人生

---

① 洛瑞·佩彻斯,纪录片《人生的模特》,2010.

模特。美与平等这一正义的感觉相关。视线是深刻的政治问题。视线更集中、更长久地投向谁？投出的视线是怎样的？是否会将收到的视线反馈回去？这些问题都与"感觉的分割"相关，让我们明白美学与政治其实是相同的力学关系。[1]

妮可·克劳斯（Nicole Krauss）的小说《爱的历史》的主人公是文学史关注甚少的老年男性，他的名字叫利奥·古尔斯基，是个移民，年纪很大，独自一人生活。住在他楼上的同乡布鲁诺是利奥仅有的朋友，两人互相确认对方今天是否还活着。为了以防万一，他还在自己的钱包里塞了一张便条，上面写着："我的名字是利奥·古尔斯基，我没有亲人，请打电话给松坪墓园，我已经在那里的犹太区买了一块坟地，谢谢您的帮助。"有一天，他在报纸上看到一则广告——"绘画班诚征裸体模特，每小时十五美元"——后心动不已。"这

---

[1] 雅克·朗西埃，《感性分割》，吴允成译，图书出版 b，2008（中国学界多将"Le Partage du sensible"译为"感性分配"）。

么多部位让人观赏,而且有这么多人看",他一想到这一点,就高兴不已。到绘画班担任裸体模特的前一晚,他又紧张又兴奋。他开始观察自己赤裸的身体。此前他从不认为自己的身体有任何美感。当天他怀着惴惴不安的心情走向被告知的目的地。

> 我以为自己脱下衬衫、褪下长裤,赤裸裸地站在大家面前,大家不会把脸转开吗?我是哪门子笨蛋啊?难不成他们会仔细观察我青筋密布的双腿、毛茸茸又皱巴巴的睾丸,然后……开始素描吗?不过我没有掉头离开。我扶着把手,爬上楼梯。[1]

这是一本非常优秀的小说,尤其让我意外

---

[1] 妮可·克劳斯,《爱的历史》,韩恩卿译,民音社,2006,28(中译本:《爱的历史》,施清真译,人民文学出版社,2019,13。此外还参考了该中译本2、11、21页内容).

的是这段有关裸体模特的情节。这个情节通过主人公"衰老的"身体,暗示他过去参战、移民等艰难的人生经历以及漫长的"丧失"与"坚持"的历史。主人公成为裸体模特的行为,表明他善良的人性之核没有被完全剥夺。

《爱的历史》中的利奥·古尔斯基与《人生的模特》中现实版的裸体模特都非常"美好地"呈现了留有时间痕迹的"年老的"身体才是感受人生、理解人生、接受人生十分有效的文本。用成熟且隐秘的视线关注自己正在衰老患病的身体,并与这一身体一起度过日常生活,还认识到这并非衰落或缺乏,而是用全新的、不同的状态迎接自己的身体,也许这就是个人能够且理应向经历了漫长人生旅途的自己给出的宝贵礼物。

与病同行

对变老、患病以及死亡的恐惧和回避已

延伸到对老年身体、患病身体或残疾身体的幻灭和厌恶。那些"年纪轻轻"却患重病的人更容易因这种社会文化环境遭受冲击,尤其在对美的认知非常狭隘且性别化的前提下,女性将遭受更大的打击。但只要能走出早期的痛苦阶段,她们会通过与"自己残疾的或不能发挥正常功能的身体"建立亲密关系慢慢走向成熟,还会对渗透到自己生活内部的死亡建立自己的态度,认识到死与生共存于同一个历史、同一个故事中。例如,一位因甲状腺癌接受放射治疗的二十四岁女性这样讲述了自己的经历:

> (甲状腺手术以后因为后遗症,身体总是发出不好的信号)老实说,刚开始很不喜欢这样,因为这就是让我停下手中的事休息。但后来突然觉得自己的身体很可爱!以前(我的身体)太过安静,最终导致我做了大手术,可现在总是发出信号:"你该休息了!"我觉得这

就很可爱。所以最近每次收到这种信号，我就想着："嗯，没错，她让我休息的时候，我就应该照顾好自己的身体。"这么一来，我就会对她产生感激之情，会乐意接受这份提醒。她（病痛的身体）也就是我，所以我必须照顾好她。如果在紧要关头突然不舒服的话，会觉得很烦。但是这种病痛反复之后，你慢慢就会习惯了。（笑）没办法，只能改变自己的想法。①

这位女性已经把自己患病的身体当成了朋友，按照身体发出的能量的节奏生活。她今后要与患病的身体相伴一生，她说这种状态就是"与患病的身体同行"，并接受身体发出的症状，还觉得积极表现身体很可爱。她将自己的身体亲昵地称呼为"她"，这并不是因为她把

---

① 全希景，《"年轻"女性的疾病故事与重读时间》，《韩国女性学》32（1），2015，233.

自己的身体当成与自我分离的道具性的他者，相反，她结束了过去把身体当成道具的看法，开始把身体—自我当成自己的身份认同。

人的身份认同基本上是由身体—自我组成的。当我们将身体完全置于年轻美丽的规范中，将身体他者化为功能上的管理对象时，自我疏离也就会越严重。外部的刺激通过神经系统转变成身体的反应时，造成这些反应细微形式上的差异的就是心灵，当心灵被刻上规范和烙印的时候，它就需要身体的训练。而且当新的想象力变成现实时，它是通过身体的变化表现出来的。在身体被彻底审查、管理、控制时，身体的身份认同（corporeal identity）很难被认清，因此会发生自我疏离。前面提到的甲状腺癌患者把自己患病的身体当成亲密的朋友，并称其为"她"，还觉得自己的身体很可爱。她的经验让我们看到当人们摆脱自我疏离，获得整体的自我时，一个人将会获得怎样的自我理解和自爱。如果能恢复身体—自我身份认同，对身体的认识扩展到对自我的理解和对世界的理解，就可以开辟出拥抱死亡和灭亡的新境界。

　　面对疾病，老人比任何年龄段的人都更脆弱。虽然有个体差异，但老年人更易患上终生无法治愈的疾病。要与带来大大小小不便的疾病共同生活，意味着要对平时没有认真考虑过的残疾、残疾人，对之前觉得很抽象的死亡持有"带有立场"的情感和想法。当身体与心灵不能和平共处时，自我疏离就会更加严重，正因如此，我们需要留心关注自己日渐衰老的身体，不断调整自己的身份认同。经过调整后的全新身份认同会成为我们与变老的自己、带有疾病或残疾的其他人建立充满感受能力的互动关系。当变老的身体、残疾的身体、病痛的身体之间能进行多维度的对话时，对身体—自我的认知也就会加深。

有尊严地死去

随着寿命的延长,我们也要面对一种无可奈何的命运,那就是要度过一些本不想度过的时间。随着孤独死去的独居老人增多,也有不少人的整个生活空间缩小到陌生养老院里的一张床,还要将自己的整个生活交给素未谋面的人,当成小孩子一样对待。或许只有那些一生坚守的尊严没有遭到破坏的情况下迎来死亡的人,才算得上度过了完整的人生。但是这种梦想越来越不受人的控制,哀伤地游走在荒凉的时空中。但是在家庭亲人和朋友等共同体持续遭到破坏的现代社会,能够始终紧握尊严直到死亡越来越成为一种奢侈。

作为社会老年学出发点的认识论的中心是"自我形象",更具体地说,是容易受损的老年的自我形象。关于自我形象,如果说最为重要的是老年人各自的行为或选择留下的外在痕迹和老年人自己对此赋予的意义,"老年痴呆"

是致命的打击，因为"行为者"会被打上巨大的问号。在没有任何人陪伴在侧的情况下孤独面对死亡的"独居"老人的生活，或者在两个相差巨大的"这里"和"那里"来回穿梭的老年痴呆"患者"的生活会引发人们对老人的恻隐之心，尤其是恐惧与不安。

贫穷的独居与老年痴呆正在暗暗地、同时明目张胆地成为一个禁忌。老年的这两种状态首先是国家和地区社会的福利系统需要扛起责任深思熟虑的问题，也需要从老年人权的角度积极进行社会的公共讨论。但是大部分人把这两种情况当成家庭或个人的不幸，因此深入人的无意识/有意识的恐惧和不安在与日俱增。尤其是对老年痴呆的恐惧已经到了反人权的厌恶程度。可以说老化的终极生物医疗化就是老年痴呆。这尤其是因为西方对老年问题的讨论与"现代个人"紧密相关。在注重个人作为独立且具有生产性的个体影响社会环境的能力的价值体系中，不具备生产能力且要依赖于

他人，而且连"意识"都模糊不清的"老年痴呆"怎能主张拥有有尊严的人格？

但是随着寿命的延长，越来越多的人开始谈论"善终"。那到底什么是善终？我想能符合自己过往人生的"属于自己的死亡"或许就是最佳的善终。电影《爱》（迈克尔·哈内克执导，2012）向我们发出这样一个问题：在疾病和变老的身体被当成损害个人价值的窘境或灾难的社会里，是不是谁都无法迎来"属于自己的死亡"？并低声地发出呼吁："人绝对无法放弃的终极内容或许正是属于自己的死亡。"

> 我们每天一起练习说话或唱歌……我每天早上五点起床。安妮白天主要睡觉，晚上醒着。早上五点到七点之间我给她换纸尿裤，给她做按摩以免她生褥疮。七点钟我会劝她吃点东西，她有时听话，有时不听。……她偶尔会说些小时候的事儿，有时会唱几个小时的歌，

有时突然嘻嘻笑,有时还会哭。这种状态的确不适合让人看见。①

电影中丈夫乔治这样向自己的女儿描述妻子的状态。他的这席话里还隐藏着这样一种质疑:尤其当疾病和老年的状态像痴呆那样使"意识"和"自我"都陷入迷宫的话,这种状态不能叫生,也不能叫死,个人在这种状态下应该怎么做才能保住自我?电影《爱》在淡淡的故事情节中,深沉地发出的这个问题应该成为公共议题,从社会改革运动的角度寻找答案。否则当前预期寿命一百岁是多么残忍且暴力?如果你爱一个人,尊重一个人(这个人可能是伴侣、道伴、朋友抑或邻里),在这份爱和尊重里,一定包含着对"属于自己的死亡"的现实苦恼和想法。我们不应将这种爱和尊重的方式交给个别的、私人的关系或个人的能力,我认为这就是社会革命。

---
① 迈克尔·哈内克,《爱》,法国,2012.

成为乐天派的老年人

随着全球老龄化带来的人口格局的大变动,人们开始从全新的角度思考人格与生死的问题,有关老年人的纪录片也层出不穷。比如,黄昏离婚、[1]孤独死、成为独居老人唯一陪伴的机器人、[2]面对即将来临的一百二十岁时代、七八十岁时重建身份认同、[3]和平与慰藉的共同体——临终关怀医院、[4]能让老年痴呆患者说话唱歌的音乐、[5]奶奶那失去生死界限的身体、[6]提前做好准备坦然面对生命的最后一刻、[7]七八十岁的时尚模特、[8]冒着辐射的危险守护大

---

[1] 卡琳·艾克伯格,《离异》,瑞典,2014.
[2] 桑德·伯格,《机械人爱丽斯》,荷兰,2015.
[3] 奥萨·布兰克,《人生始于一百岁》,瑞典,2015.
[4] 艾米·哈迪,《用生命在唱歌》,英国/美国,2015.
[5] 迈克尔·罗萨多-班内特,《音乐之声》,美国,2013.
[6] 李素贤,《奶奶的遥远之家》,韩国,2015.
[7] 砂田麻美,《临终笔记》,日本,2012.
[8] 莉娜·普利欧普利特,《时尚美魔女》,美国,2014.

地的奶奶[1]等,这些国内外的作品让我们看到老年生活的方方面面。

这些作品不但对当前的老年人起到社会、文化领域的道伴作用,对那些今后即将步入老年的人也起到一种指示牌的作用。这些纪录片从多个角度分析多种不同的老年状态,其中有一件作品在暗示幸福的老年与国家福利政策之间的密切关系,那就是以挪威奶奶排球队为主人公的纪录片《乐天派俱乐部》(*The Optimists*)。[2]我们一起来通过这部纪录片看看乐天的老年人是什么状态,怎样能成为乐天派的老人。

有这样一个排球队,队员是由十五位六十六岁到九十八岁的"奶奶"组成的。排球队于1973年在挪威成立并延续至今。这个充满朝气的排球队的名字叫"乐天派俱乐部"。排

---

[1] 安·博格特,《切尔诺贝利的大娘们》,美国/乌克兰,2015.
[2] 冈希尔德·马格纳(Gunhild Magnor):《乐天派俱乐部》(*The Optimists*),挪威,2013

球队成立十周年时拍的纪念照片中，成员有一半死于癌症或老年痴呆，她们离开后，又有新的成员加入，使她们走到今天。乐天派的早期成员利勒莫尔（Lillemor）指着照片中的人物嘀咕道："她死于癌症，她死于老年痴呆……"排球队成立时才五十多岁的她现在已经八十八岁了。她与排球队已经共同走过四十个春秋，一同变老。

但是在她的脸上看不到任何悔恨或哀伤，她的声音和眼神中，反而透露出"到时候我也要离开"的坦然与平静。照片中位于前排左侧的"年轻"女性现在已经成为排球队最年长（九十八岁）的成员。这个"奶奶排球队"过去四十年来受到不少媒体的关注。利勒莫尔保管的材料中，还有以"仿佛重回少女时代"为题的新闻报道。她们怀着"仿佛重回少女时代"的心情，在过去四十年间根据自己的身体条件用各种方式变老，看着这群最大年龄差达三十岁的奶奶一同训练、奔跑，着实有点让人吃惊，也让人心生羡慕。

在人的寿命史无前例延长的今天，她们的"老年共同体"中三十岁的年龄差对她们成为朋友并无大碍。她们似乎像拼图一样，可以根据各自的特点来分工，最终完成"乐天派"这一多彩的作品，并因此更加愉快和自豪。最年轻的爱玛（Irma，六十六岁）对自己负有最多的责任很满意，而最高龄的戈罗（Goro，九十八岁）也为自己感到自豪。和一群特别真诚地欢迎她、喜欢她的人在一起，她感到非常幸福。在微波般的皱纹中，她的眼睛虽然随着年龄的增加变小了，但始终充满好奇和期待，闪闪发光。

除了戈罗，在排球队的其他成员身上"老年"的痕迹也很清晰。她们握球的双手、与排球一同奔走的脸庞、为了治疗而露在外面的腿和脚背上都满是岁月的痕迹。她们背驼了，肚子上的赘肉也多了，腰的厚度都快和胸部持平了。伴随着这所有的时间和痕迹，她们在场地

上奔跑欢呼。她们的状态仿佛就在诉说她们最自信、最熟悉的事就是笑,她们不停地笑。

坚守时间的香醇与气息的抗老(anti-aging)

看着纪录片《乐天派俱乐部》,还有一件事始终在我脑海里徘徊,那就是纪录片的主人公不是普通的奶奶,而是"挪威奶奶"。她们之所以不用在乎别人的眼光而完全按照自己的心意尽情"乐天"地生活,是因为她们生活在高福利国家挪威。通过"六十六岁至九十八岁的老年女性组成的排球队",我们可以推测六十六岁的人在挪威已处于退休状态。在韩国,目前退休主要还是与男性的生命周期相关,但是在挪威这个典型的北欧国家,女性和男性都会面临退休。如果考虑到一提到女性的工作权或兼顾工作和家庭的问题,首先谈起的就是发达国家挪威的模式,我们也许可以大概推测她们在六十六岁前的人生经历。

纪录片没有具体讲述她们的私生活，但还是拍下了她们的家、工作区域、健身中心、小区、道路、公共机关、咖啡馆等生活（的条件）。戈罗、利勒莫尔、埃尔德约尔格（Eldbjørg）等人的家庭状态看起来是典型的北欧中产阶级。床、床头柜、床单、窗帘、客厅的桌子、沙发和椅子、餐桌和桌布、搭配好颜色的花束和蜡烛、墙上挂着的画和照片，这些物品在形态、颜色、功能方面都显得十分协调，在漫长的生活中确认和承认彼此的历史。在这里，人的历史就是物品的历史，物品的历史就是人的历史。两者共享长久以来的故事与经历。

虽然这些物品的品位和质量都不错，但是这些品位和质量并不一定就意味着"商品"的市场价值。这些物品与它的使用者一同生活，始终在"那里"。因此她们的家也就是积累她们过往人生历史的博物馆。在这里时间不会被

剥离，不会飞速离去，而是"积聚"在那里。家变成博物馆，生活在家里的人的身体成为档案，两者是彼此见证的证人。

利勒莫尔很舍不得与使用了四十年的烤箱分别，戈罗也还在用多年的烤箱为老朋友烤"旧式"饼干。她们保持"旧式"的生活，并在日常生活中坚守这种"旧式"带给她们的香醇与气息。她们的这种状态对像我这种生长在前数码时代，但又生活在技术时代的人来说，无疑是巨大的安慰。

韩国的老年人也有资格获得乐天主义！

《乐天派俱乐部》之所以能够表现这种"乐天性"，也是因为她们所处的环境。在那个环境中，她们可以在日常生活中自由地向人们展示"我是这样变老的""我是这样一路走来的"。例如，她们生活在远离大都市消费文化的地方，她们身边有一群支持"旧式生活"的朋友，她们还能在田间骑自行车，在雪地上通过滑雪锻炼身体，也能申请经费与瑞典的老年男性排球队打比赛。她们甚至在与瑞典排球队的"国际"比赛中，主动提出要在队服上佩戴国旗，与国家保持着良好的关系。挪威的养老保障制度（现在已经有些退化了）也相比韩国更先进一些！

正是因为处在这种条件和环境中，九十八岁的人还能说出："我很期待新的一年会给我带来怎样的变化。"当然，我们也不能用一句"因为是挪威"来解释所有的问题。但是如果可以承担歪曲所有复杂多样的细节、统计、社会文化背景的风险的话，我想把"北欧"（Nordic）这一符号置换为"福利"以及由此可以获得的"多种人生，尤其是按照自己的方式放慢生活节奏的可能性"。

在这些方面，韩国的情况如何？在商品逻辑的影响下，韩国社会越来越不能接受"陈

旧"，受到将"变老"和"陈旧"等同的思维方式影响，老年人在疾速地被边缘化、消失在人们的视野中。在科技高速发展的韩国，老年人所固有的知识或智慧，即"通过长时间积累的经验获得的人生指南"是无效的。的确，使用有线电话的人似乎没有什么建议能够给到使用智能手机的人。IT技术早已成为生活的必需品，据预测，通过大数据，我们即将进入前所未有的新知识世界。老年人在这些方面的能力甚至还不如三四岁的小孩子，看起来的确没有什么可以传给年轻人的智慧可言。

但是我认为用这种从功能的角度理解老年人的人生建议的态度才是让人生变得狭隘浅薄的标志。当前，知识正从表示按照特定目标制作和执行的能力即技艺（techne）转变成按照复杂的规则运转的机械技术（technology）。在这种环境中，上了年纪的人通过自己过往兢兢业业的生活学到的智慧变得更加无用，这一点实在是令人扼腕叹息。时间不只是向前单方面不可逆地流动，时间还会通过停滞、积淀、倒退，向经验赋予声音和色泽，发酵出一种堪称"固有性"的价值。如果说照片会让时间冻结在某一瞬间，那么积累了人的痕迹与视线的物品会使时间的维度变得更加丰富。那么，在自己的家里与相伴已久的物品一起慢慢变老的生活状态应该不需要学习新的知识，也能成为很好的人生典范。

老人能够向那些还没有感悟到"变老"的人和那些还需要参与生产劳动的人呈现的最有效的典范就是"尽情地愉快生活、尽情地慢慢生活的样子"，也就是乐天主义的态度。但是乐天的性格不取决于个人。当国民能够越来越相信这个国家，与国家形成良好的关系，才能获得这一难得的"主义"。因此为了韩国的爷爷奶奶能自由地选择这个"主义"，国家要首先进入自省和启蒙的阶段。所以这个国家啊，请你允许韩国的老年人能成为乐天派！

将老年之美娓娓道来

在老年人权都没得到充分讨论的韩国社会提出老年之美,让人无法摆脱深深的苦恼和沉重的心情。

韩国国民养老金公团2010年面向大学生开展了一次广告作品征集活动,其中被选为优秀作品的广告几年后在社交网络(SNS)传开之后,广受网友批评。这则广告十分清楚地告诉我们韩国社会的老年人权感受力有多么低。"六十五岁时,您想抓住哪一个?"在这句加粗句子的下面,放了两张照片,一张是堆满废纸的手推车,还有一张是旅行箱。仔细看广告,会发现这样的语句:"能够保障自己晚年的唯一养老金,就是国民养老金。为了度过有品位的第二人生,请马上加入国民养老金。"

很多人对这则广告提出了批评,但我们对老年福利和老年人权的认识还远远停留在初级阶段,因为除了家人,我们很少会出于其他原因（例如贫困）去帮助那些有困难的老人或与他们有日常接触。我在第2章的内容中介绍了崔贤淑的故事，她为了将地区的老年运动与贫困运动结合起来，在首尔市麻浦区从事独居老人生活管理员的工作。她每天给那些独居老人打电话，确认他们的健康情况，如果有必要，就去访问那些老人，确认一下他们的日常生活情况。如果老年人乐意，他们也会给她讲讲自己的人生经历。崔贤淑希望通过这些努力，将独居老人和生活管理员这两个都处于恶劣条件的人群用运动的方式联系起来。但就算是通过工作，能做到如此近距离观察老人，和老人做日常交流也绝非易事。尤其是在对老年人缺乏认识的情况下，这种接触又能在多大程度上理解老年人的存在状态？

　　成为媒体关注焦点的老年人往往是那些"贫穷、孤独、饱受疾病折磨、可怜的"人。这种单纯化和对象化在独居老人身上更为严重。他们过去经历的人生起伏很容易被忽略。

他们怎样在与贫困、疾病的斗争中仍然保持浩然之气,这根本就不在人们的想象范围之内。"善良的"市民们访问独居老人时,通常会在脑海中提前想象"可怜的"老人形象,但这很有可能不是现实,而只是他们的想象。如果想要克服这一歪曲和老套的观点,就需要老年人与其他年龄段的人在日常生活的多个层面进行广泛地接触。

在国际人权舞台上,直到2012年,联合国人权事务高级专员才向联合国大会提交老年人权状况报告,可见国内外老年人的生活和人权都处在灰色地带。因此将老人当成活动的主体而非被照料的客体的视角仍然还停留在宣传口号或政策宣传材料的层面。据2012年首尔市的相关资料显示,六十几岁的韩国老人在老年期最不希望的就是"养育孙子、孙女",最渴望的是"可以享受爱好的老年生活"。[1]这说明韩国女性家族部的观点——为"黄昏育儿"

---

[1] 诸贞任,《悲伤的黄昏路》,五月之春,2013,133.

提供补偿是对女性友好的育儿政策——与女性主义乃至老年当事人的现实生活是多么背道而驰。

那么怎样才能在老年阶段也享受自己的兴趣爱好？这个问题同样适用于各个阶层的人，没错，理应如此。就算是每天为生计奔波的人，也不应该剥夺他们对老年生活的梦想与期待。认为贫穷的老人"对老年生活没有期待"的想法太过单纯，就好像把所有老人都当成"可怜"的对象，而不考虑他们的经济能力。此外，还有一个偏见是认为那些上了年纪还要考虑生计的老人与美丽无关。美丽和智慧的老人与他们所处的阶层并没有绝对的联系，人们却认为这两者的联系是绝对的。这是因为我们已经太过习惯从资本的角度看待美，认为没有消费能力支撑的美是不可能的，尤其是那些正在走向衰落的老年。这种想法既危险又不道德。

在本书的序中，我提到了在路边见到的一位捡废纸的"老妇人"，我曾被她的美深深吸

引。老年身体的可视性与认知这一身体的美之间流淌着明显的美学/政治学电流。为了从美学角度去理解老年的身体，需要学会充分解读这一身体发出的"可读性因子"。此时我们不能忘记世上绝非只有"一个老年"，这样一来，也就是说没有一种"老年"是可以用同一性或一般性的方式具体化的。现实中有的只是共存的"多元的老年"。老年的形象或再现也是一样的。老年人的形象不是单一的，而是复杂多元的。为了既认识到现实中多元的老年人，又认识到形象化或形象的多元化所包含的老年之美，我们就需要"擦亮眼睛"。[1] 把眼睛擦亮之后，去看清老年现在身处的形象化的危机，摸索走出这一危机的方法。[2]

---

[1] 瓦尔特·本雅明，《巴黎：十九世纪的首都》，《拱廊研究计划1》，赵亨瀞译，新浪潮，2005［韩译本］（中译本：《巴黎，19世纪的首都》）.

[2] 德语中的"再现"包含"想象化"和"代理或委任"这两种意思。只要当事人不直接表现自己，"再现"就只能是形象化，也具有代理的层面。参见乔治·迪迪-于贝尔曼："变得能够感觉"（阿兰·巴迪欧等，徐镛淳、林玉姬、周炯日译，《何谓人民》，现实文化，2013，95—145、108）.

在厌老的潮流越来越清晰的当前情况下，做到"始终坚持自我"的老年之美，充分认识吸引视线的年轮的光辉，并且让人们也都认识到这一点，这是出生以后就一直迈向老年的所有人、有朝一日都会变老的所有人要共同面对的问题。当然，这个问题不仅仅局限于文化领域，因为如果对人权没有足够的感受力，也就无法感受到褶皱斑斑的老年人的脸散发出的美，也无法尊重这些皱纹的历史性。在即将结束本书写作的时候，我期待我们所有人都能够一点一点积累对老年人权的感受力。

参考文献

NHK《无缘社会》节目组. 无缘社会 [M]., 金凡洙,译. Yongohreum, 2012.

姜成远. 视线的政治: 为了韩国的美术理论 [M]. Sizirak, 2004.

格奥尔格·卢卡奇. 小说理论 [M]. 燕宏远、李怀涛,译. 商务印书馆, 2012.

妮可·克劳斯. 爱的历史 [M]. 施清真,译. 人民文学出版社, 2019.

理查德·桑内特. 在一起 [M]. 金炳华,译. 玄岩社, 2013.

玛格丽特·杜拉斯. 这就是全部 [M]. 高

宗锡，译 . 文学村，1996.

密阳口述史项目 . 活在密阳：来自密阳的十五首阿里郎 [M]. 五月之春，2014.

瓦尔特·本雅明 .（瓦尔特·本雅明选集）论历史概念、暴力批判、超现实主义等 [M]. 崔成万，译 . Gil，2008.

弗吉尼亚·伍尔芙 . 三个畿尼 [M]. 太惠淑，译 . 女性史，1994.

苏光熙 . 时间的哲学思考 [M]. 文艺，2001.

西蒙·波伏娃 . 老年 [M]. 洪常喜，朴惠瑛，译 . Chaeksesang，1994.

奥古斯丁 . 忏悔录 [M]. 金炳昊，译 . 集文堂，1991.

阿图·葛文德 . 最好的告别：关于衰老与死亡，你必须知道的常识 [M]. 彭小华，译 . 浙江人民出版社，2015.

阿兰·巴迪欧，等 . 何谓人民 [M]. 徐镛淳，林玉姬，周炯日，译 . 现实文化，2013.

安德鲁·祖克曼 . 智慧 [M]. 李京熙，译 .

Samtoh，2009.

安东尼·吉登斯. 亲密关系的变革：现代社会中的性、爱和爱欲 [M]. 陈永国，汪民安，等，译. 社会科学文献出版社，2001.

埃德蒙德·胡塞尔. 内时间意识现象学 [M]. 倪梁康，译. 商务印书馆，2009.

艾德丽安·里奇. 女人所生：作为体验与成规的母性 [M]. 毛路，毛喻，译. 重庆出版集团 :2008.

上野千鹤子. 厌女：日本的女性嫌恶 [M]. 王兰，译. 生活·读书·新知三联书店，2015.

李清俊. 雪路 [M]. 文学与知性社，1977/1997.

林茂松. 超老龄社会日本的劳动市场和劳动政策：通过十二个问题看当今的日本和未来的韩国 [M]. 韩国劳动研究院，2012.

雅克·德里达. 论好客 [M]. 贾江鸿，译. 广西师范大学出版社，2008.

雅克·朗西埃. 感性分割 [M]. 吴允成，

译. 图书出版 b, 2008.

让·埃默里. 变老的哲学：反抗与放弃[M]. 杨小刚, 译. 鹭江出版社, 2018.

郑真雄. 老年的文化人类学 [M]. Hanul, 2012.

杰德·戴蒙德. 男性更年期 [M]. 金容柱, 译. Ire, 2002.

诸贞任. 悲伤的黄昏路 [M]. 五月之春, 2013.

乔安娜·席拉. 发现工作[M]. 安在辰, 译. Dawoo, 2005.

Rowe J W, Kahn R L. 成功变老：新型老年文化指南 [M]. 崔惠卿, 权有卿, 译. Hakjisa, 2001.

Adriana Cavarero. *Relating narratives: storytelling and selfhood*[M]. translated with an introduction by Paul A. Kottman, London: New York: Routledge, 2000.

Arlie Russell Hochschild. *The Commercia-*

lization of Intimate Life[M]. Berkeley: University of California Press, 2003.

Bobby Nobble. *Our Bodies Are Not Ourselves: Tranny Guys and the Racialized Class Politics of Embodiment," Trans/Forming Feminisms: Trans-Feminist Voices Speak Out*[M]. Ed. Krista Scott-Dixon, Sumach Press, 2006.

Bunting Madeleine. *Willing Slaves: How the Overwork Culture is Ruling Our lives*[M]. Haper Collins Publishers, 2005.

Martin Heidegger, *Sein und Zeit*[M]. Tübingen: Niemeyer, 1972/2006.

P. B. Baltes, M. M. Baltes. *Psychological perspectives on successful Aging: The Model of Selective Optimization with Compensation*[M]. in P. B. Baltes, M. M. Baltes (eds.) *Successful Aging: Perspective from the Behavioral Science*, 1-34. Cambridge. U. K.: Cambridge Univ. Press, 1991.

Paul Ricoeur, *Zeit und Erzählung*[M]. Bd.2, aus dem Französischen von Rainer Rochlitz, München: Fink, 2007.

Paul Ricoeur, *Zeit und Erzälhung*[M]. Bd.3, *Die erzählte Zeit*, München: Fink, 2007.

权修贤．对制度化过程中出现的照料劳动的性质的研究：以性别化的关系劳动的特点为中心[J]．延世大学研究生院文化学跨学科课程女性学方向博士学位论文，2013.

金美惠，权琴珠．对儿媳虐待老人过程的研究[J]．韩国老年学，2008，28(3).

南淳铉，金美惠．婴儿潮一代以闲暇为中心的生活方式、退休准备及夫妻闲暇活动对生活满意度的影响[J]．韩国老年学，2014，34(1).

文熙英．三十至三十九岁女性通过被市场包容和排斥的经验重建主体性的研究：以"有能力"和"没能力"的经验为中心[J]．梨花女子大学研究生院女性学系硕士学位论文，2009.

石才恩．超高龄、低增长的两极化社会，

老年的资源和文化[J].《新老年文化与社群生活》(未来论坛资料集), 2015.

吕明熙. 对"使劳动人性化"的女性主义研究: 以工作和生活的平衡为中心[J]. 梨花女子大学研究生院女性学系硕士学位论文, 2008.

全希景. "年轻"女性的疾病故事与重读时间[J]. 韩国女性学, 2015, 32(1).

"社会性别年龄体系"与女性的年龄[J]. 梨花女子大学研究生院女性学系博士学位论文, 2012.

郑宪二. 作为想象界的美术史: 美术史教育中的性别之门[J]. 美术史教育学会春季研讨会, 2004.

赵源辉. 有关婴儿潮一代的生活方式及其准备养老的研究: 以大田地区为中心[J]. 高丽大学硕士学位论文, 2012.

崔慧莲. 中壮年群体的生活方式和闲暇活动对养老准备程度及生活满意度的影响[J]. 高丽大学博士学位论文, 2011.

SBS 电视台，电视剧《我爱你》，2012.

姜草，网络漫画《我爱你》，2007.

冈希尔德·马格纳，纪录片《乐天派俱乐部》，挪威，2013.

洛瑞·佩彻斯，纪录片《人生的模特》，2010.

莉娜·普利欧普利特，纪录片《时尚美魔女》，美国，2014.

砂田麻美，纪录片《临终笔记》，日本，2012.

迈克尔·罗萨多—班内特，《音乐之声》，美国，2013.

迈克尔·哈内克，《爱》，法国，2012.

朴培日，纪录片《密阳阿里郎》，2015.

桑德·伯格，《机械人爱丽斯》，荷兰，2015.

安·博格特，纪录片《切尔诺贝利的大娘们》，美国/乌克兰，2015.

艾米·哈迪，纪录片《用生命在唱歌》，

英国/美国，2015.

奥萨·布兰克，纪录片《人生始于一百岁》，瑞典，2015.

李素贤，纪录片《奶奶的遥远之家》，韩国，2015.

秋昌民，电影《我爱你》，韩国，2011.

卡琳·艾克伯格，纪录片《离异》，瑞典，2014.